医疗暴力防控的法治方略研究

王海容　冯　磊　赵　敏 主编

浙江工商大學出版社｜杭州
ZHEJIANG GONGSHANG UNIVERSITY PRESS

图书在版编目（CIP）数据

医疗暴力防控的法治方略研究 ／ 王海容，冯磊，赵
敏主编. — 杭州：浙江工商大学出版社，2019.9
ISBN 978-7-5178-3398-7

Ⅰ．①医… Ⅱ．①王… ②冯… ③赵… Ⅲ．①医疗
纠纷－处理－研究－中国 Ⅳ．①D922.164

中国版本图书馆 CIP 数据核字（2019）第 193507 号

医疗暴力防控的法治方略研究
YILIAO BAOLI FANGKONG DE FAZHI FANGLUE YANJIU

王海容　冯　磊　赵　敏主编

责任编辑	徐　凌
封面设计	林朦朦
责任印制	包建辉
出版发行	浙江工商大学出版社
	（杭州市教工路 198 号　邮政编码 310012）
	（E-mail：zjgsupress@163.com）
	（网址：http://www.zjgsupress.com）
	电话：0571－88904980，88831806（传真）
排　　版	杭州朝曦图文设计有限公司
印　　刷	杭州高腾印务有限公司
开　　本	710mm×1000mm　1/16
印　　张	13.25
字　　数	209 千
版 印 次	2019 年 9 月第 1 版　2019 年 9 月第 1 次印刷
书　　号	ISBN 978-7-5178-3398-7
定　　价	39.00 元

本书编委会

主　编：

王海容（西南医科大学法学院副研究员）

冯　磊（重庆医科大学公共卫生与管理学院教授）

赵　敏（湖北中医药大学人文学院教授）

编　委：

孙　雪（西南医科大学人文与管理学院讲师）

姜锴明（东南大学法学院硕士研究生）

陈绍辉（江西师范大学政法学院副教授）

张　锐（重庆市第六人民医院花园路分院办公室副主任）

范　颂（西南医科大学公共卫生学院讲师）

万　力（西南医科大学法学院助教）

目　录

第一章 社会暴力防控的法治思想探略研究

第一节 社会暴力概述

暴力这一社会现象十分古老,遍布全球各地,存在于社会各行各业之中。可以说,从人类诞生之初,人与人之间的暴力就已经存在了。即使到了现代社会,仍有许多暴力现象存在,如家庭暴力、校园暴力、性暴力、自我暴力、医疗暴力等,当法律和道德失去约束力时,人们仍会选择使用暴力手段来维护自身利益。

社会生物学家威尔逊认为实施暴力攻击是动物的本性之一,因此暴力攻击行为普遍存在于动物界,而基于人类的动物属性,暴力也是人性中兽性的体现[①]。所以,社会发展的历史也是一部社会暴力史,无论东西方的社会复杂变迁中的战争暴力,还是个人或群体的日常生活中的家庭暴力,暴力极为常见且无处不在。在许多社会,暴力是潜伏的,而人类历史的大多数时间,以及当今全球人口的大多数,都处在有潜伏暴力的社会中。暴力对人的诱惑极大,它既是我们寻求娱乐过程中的一个基本组成要素——如暴力文学和暴力电影(暴力电影是最卖座的电影类型之一),也是我们建立的社会制度中的一个本质构成特征,如规范和观念。我们大多数人既对此深感恐惧,又被这个问题所吸引[②]。

暴力为何能对人产生如此强烈的诱惑,至今仍是一个难解之谜,这也使人们产生了探究暴力到底是什么,以及产生了暴力将给我们带来什么后果的兴

[①] 皮艺军:《越轨社会学》,中国政法大学出版社2004年版,第249页。

[②] 罗伯特・F.利特克:《暴力与权力》,《国际社会科学杂志》(中文版)1993年第2期,第5—16页。

趣。当代中国正处于市场经济的高速发展阶段,市场经济的发展带动了以个人权利为代表的现代价值系统的快速发展,价值系统的变化影响着人们对现代国家的政治认同。变革中的国家往往极易形成社会的不稳定,但一个快速发展中的国家却需要极其稳定的社会秩序。作为社会风险的极化状态,暴力的发生频率正日益增加,后果正愈发严重,社会影响也越来越大。暴力严重威胁着社会安全,也让当代中国治理面临巨大的挑战。

一、暴力的释义

汉娜·阿伦特在其著作中曾说,"谁要曾经思考过历史和政治,他就不可能会对暴力在人类事物中所扮演的重要角色一无所知。"[①]人类的社会化进程中伴随着社会支持,也伴随着社会暴力的滋生。暴力无处不在,不但充斥着各国的政治历史,还在各类社会生活中蔓延,所以暴力的表现形式千变万化,这增加了人们对暴力研究的难度,人们发现,即使要对暴力概念进行界定都十分复杂,各研究领域的学者从不同的研究视角对暴力的概念的界定和理解大相径庭,而基于对暴力的不同理解又导致学者们对于暴力行为的评价不同。因此,对于暴力概念的解析,对于我们研究医疗暴力行为及如何防控医疗暴力行为有着重要意义。

(一)作为破坏性力量的暴力

关于暴力的定义,在《现代汉语词典》中,"暴"的意思为"突然而且猛烈;凶狠,残暴;急躁的","力"就是力量。对暴力一词的解释是"强制的力量"。"暴"是对"力"的修饰,即突然而且猛烈的力量、凶狠残暴的力量、急躁的力量,三者从不同角度分别解释了"强制力量"的特征。《牛津字典》对"Violence (Violent)"解释为"意图伤害或杀害某人的物理力量"和"身体或情绪的力量、能量"。

从词源上讲,暴力意味着对某物"施加力量"。罗伯特·奥迪提出暴力是以

---

① 汉娜·阿伦特:《共和的危机》,郑辟瑞,译,上海人民出版社 2013 年版,第 83 页。

体力的或心理的方式对人进行大力攻击或伤害。库尔特·R.巴特尔等认为,暴力是对他人或他物实施的破坏性的攻击行为,其强调的是暴力与攻击之间的关系——所有的暴力都是攻击行为,但并非所有的攻击行为都是暴力行为。从暴力承受者的角度,牛顿·加弗提出,暴力是使人身在身体和心理两方面遭到严重侵犯的损害或毁坏。加弗的界定更为科学一点,因为我们对暴力的抨击和反对,主要源于它的破坏力和侵犯性。

暴力既包括生理暴力,也包括心理暴力(或软暴力、冷暴力)。生理暴力是人们对暴力表现方式的主要理解,外部表现是明显可察的,如拳打脚踢,使用器具袭击,打砸抢等,其结果也是感官可以观察到的,如造成受害人受伤、死亡等。相对于生理暴力,心理暴力更加隐形,在发生冲突时,施暴者不是直接攻击他人的躯体,并希望造成一种生理上可见的伤害,包括致人轻微伤、轻伤、重伤甚至死亡,而是侮辱、辱骂、诽谤等,或是表现为更加隐形的孤立、不合作等非常态的行为,从而期望对他人心理上造成一种无形的伤害。在讨论暴力的定义时,应该既注重生理暴力,也不能忽视心理暴力,暴力不一定就是紧急明显的强制力量,也可能是长期积累的、隐晦的心理强制力量。

暴力的破坏性使暴力常常被作为控制的对象,托马斯·霍布斯提出假想人类社会应该建立于和平的理想之上,暴力侵犯成为必须驱逐的目标。所以从法学的角度来看,所谓暴力是指那些违反了法律规范和道德规范的力量。国家通过颁布法律,人们通过在社会交往中形成习俗或者约定共同体规则来控制暴力,这种暴力主要为暴力犯罪,故我们在这里有必要对"暴力犯罪"作进一步的解析。"暴力犯罪"一词首次被提及是在1885年加罗法罗的著作《犯罪学》中,之后,人们就将"暴力犯罪"这个词沿用下来,暴力犯罪是十分常见的一种犯罪,但它并不是刑法上所讲的某一个罪种,而是对使用暴力手段犯罪的一种概括。

心理学上对暴力产生原因的大胆推测是:性和侵犯是出于人的本能。人在追求快乐的过程中总要伤害别人,而快乐被视为本能能量的释放,故侵犯就是人的本能。而生物学则从本能、染色体、荷尔蒙、势力范围、体型等方面对暴力进行定义。早期学者认为具有以自我为中心、轻率鲁莽、占有欲强、嫉妒心重等特征的反社会人格是特定个体施以暴力的最主要原因,但这并不能解释所有暴力的发生。社会科学家认为,暴力虽然作为一种极端的社会行为,但也像其他的行为一样受到诸多社会环境因素的影响。如解禁和暗示理论的代表人物伯克维兹,在暗示理论中认为引发侵略性的条件主要来源于愤怒或挫折等内部因素和适当的暗示等外部环境①。所以这种侵略性转化成外在的攻击行为,暴力便相伴而生,这是其最常见的表现形式,也是其最重要的手段。又如美国当代著名社会学家、冲突论代表人物兰德尔·柯林斯从微观角度研究暴力,认为社会学中的冲突理论无法很好地解释暴力,即使被我们认为非常暴力的人群,在大部分的时间里并没有实施任何暴力行为,他们仅仅是在特定的情境中才是暴力的,即暴力需要"情境互动"②。我国有学者从情感因素对暴力行为进行分析,认为"表达式暴力"的显著特征是"怨恨"。与西方语境中"怨恨"发于嫉妒、仇恨不同,在中国的语境中,"怨恨"虽也有嫉妒含义,但更多表达的是对"不公正""不合理""不道义"对待的恨意③。个人情感和行为会受到周围人和环境的影响,有时候个人暴力事件会演变成群体暴力事件,个体暴力会上升成社会暴力。勒庞的心智归一理论就认为个体的人往往是理性的、有文化的和有教养的,但是随着集群的密度越来越大,集群中的个体思维和个体行为方式就会逐渐变得非理性和野蛮起来,脑下垂体对行为的影响就会增加。这些人往往表现出双重道德,既能成为献身的英雄,也表现出残暴无情,他们在臣服于权威和英雄的同时又会在弱者的面前做出耀武扬威的行为④。所以在社会交往过程中,产生个体暴力相对应的情绪会蔓延形成群体情感,个体冲动会变成集体冲动,在某些条件下,最极端的表现形式就是形成社会暴力。

(二)作为社会建构力量的暴力

暴力除了表现其作为文明对立面的侵犯性和破坏力,还有表现其价值一面的革命性和规范力。其最为经典的论述即马克思的《资本论》,"暴力是每一个

---

① 王玲宁:《社会学视野下的媒介暴力效果研究》,学林出版社 2009 年版。

② 兰德尔·柯林斯:《暴力——一种微观社会学理论》,刘冉译,北京大学出版社 2016 年版,第 4 页。

③ 邢朝国:《怨恨、暴力纠纷的情感解释》,《学海》2013 年第 5 期,第 88－95 页。

④ 赵鼎新:《西方社会运动与革命理论发展之评述——站在中国的角度思考》,《社会学研究》2005 年第 1 期,第 168－209 页、第 248 页。

孕育着新社会的旧社会的助产婆,是社会运动摧毁一切僵化的政治形式并借以为自己开辟道路的工具"①。所以暴力不一定等于犯罪,至少在阶级严重对立时期的革命暴力是不包括在内的。在当代,有时道德主义因与生活的各种实际利益联系而被赋予至高无上的地位。在此情景下,某种道德被破坏或阻挠就成为最坏的事,战争或暴力反而不会被认为是最坏的事。此外,暴力在历史上除了起到革命推动作用外,它还被认可的就是作为被国家垄断的暴力对社会起到规范作用,即国家垄断暴力。约翰·洛克曾提出,当人们在自然状态下放弃自然理性或以非理性方式执行时,那么就会导致战争,而此时应该通过建立政府,以这种外在的公共权威来克服自然法的不足。很多法学家们也认为,国家主导的法律将彻底取代包含暴力在内的任何自助。我们在此不论这些论调的正确与否,但我们可以看到,暴力除了代表着毁坏力,其还有作为政治暴力和革命暴力被人们歌颂的一面。所以在对暴力的释义及分析过程中,我们认为不能单单从其自然特征进行简单分析,还应结合它的社会特征,尤其是暴力背后对应的社会结构性因素来展开讨论。

二、暴力的控制思想

面对和控制暴力是人类社会恒久的命题。暴力发生之后,就意味着对暴力的控制,即使作为促进社会变革和发展的政治暴力,也不能无限制地放大和永无止境地持续。乔治·索雷尔认为,暴力乐观主义者如果拥有能够实现他们梦寐以求的理想的权力时,他们对暴力的狂热将有可能为其祖国带来无穷无尽的灾难②。面对暴力,人们一般采取的救济方式有三种:公力救济、社会救济和私力救济,三种救济方式并无优劣之分,皆有其局限性。但由于国家在暴力方面具有明显的优势,所以随着近代民族国家的兴起,从国家到社会再到个人构成了主次鲜明的控制暴力的坚固防御。

---

① 恩格斯:《反杜林论》,人民出版社 1956 年版,第 190 页。
② 乔治·索雷尔:《论暴力》,上海人民出版社 2005 年版,第 7 页。

（一）私力救济

"私力救济"是在当事人认为自己权利遭受侵害时，不通过国家法定程序、不依靠第三方，而依靠自身或私人力量维护权利、解决纠纷[①]。其具有以实现权利和解决纠纷为目的，救济的发动基于当事人的认定，纠纷解决没有第三方介入、完全依靠私力，非程序性等特征。所以私力救济相较于公共救济，不受规则限制，更加灵活机动；不受证据证明标准的限制，证据信息获取更容易；惩罚的严厉程度可以协商，社会关系破坏程度低；减轻司法和执法负担，节省了公共资源和控制成本[②]。但私力救济的这种非规范性和非程序性也极大地阻碍了救济的有效实现，影响了纠纷的解决效果。私力救济是当事人在认定权利遭受侵害时启动的，所以救济的提起、救济的方法及惩罚程度都不受合法性和程序性的限制，即受当事人的自身素质和价值判断影响，私力救济的客观公正性很难保证，严重影响纠纷解决的质量；私力救济依靠的是当事人自身的力量，这导致私力救济的成功与否受到当事人自身因素的很大影响——若当事人与另一方力量悬殊，就会导致较弱一方的诉求无法得到满足，纠纷也无法得到有效解决[③]。

自卫、请求和自助等是私力救济的主要方式，众多私力救济方法中常伴随着暴力，所以我们要专门探讨一下暴力性私力救济。"暴力性私力救济"又称为"暴力维权"，是指当事人认为自己权利遭受侵害时，不通过国家法定程序、不依靠第三方，而采取暴力的方式进行维权，寻求救济[④]。如现代社会是依靠国家的力量对杀人者施以处罚，但在初民社会，杀人并不被看成是侵害社会的犯罪，被害人家属（或朋友）会采取复仇的形式进行"自救"，而这种"自救"使社会维持了内部的平衡。

科塞认为暴力维权是社会冲突的表现形式之一，这种社会冲突主要源于物

[①] 徐昕：《论私力救济》，中国政法大学出版社 2005 年版，第 12 页。

[②] 桑本谦：《公共惩罚与私人惩罚的互动——一个解读法律制度的新视角》，《法制与社会发展》2005 年第 5 期，第 106－116 页。

[③] 郭星华、曲麒翰：《纠纷金字塔的漏斗化——暴力犯罪问题的一个法社会学分析框架》，《广西民族大学学报》（哲学社会科学版）2011 年第 4 期，第 67－72 页。

[④] 何永军：《论暴力私力救济》，《社会科学》2006 年第 6 期，第 125－131 页。

质性原因和价值性原因。"物质性原因"主要是指为了争取物质利益。"价值性原因"主要是指信仰或价值评判标准的差异。所以暴力维权物质动因表面是因为社会利益的分化加剧、社会剥夺感增强、利益冲突后的维权渠道不畅等导致的救济不当,其深层次的原因则是社会不信任,这种不信任缘于政府保护性职能缺失、纠纷解决机制间的合作缺失和司法腐败等。基于挫折——进攻理论的心理,痛苦和挫折增加了个体做出愤怒和攻击性反应的可能性,最终促使一方当事人采取暴力私力救济作为纠纷解决的最终方式。但私人暴力是一把双刃剑,它除了有惩罚和防御的社会控制功能外,更可能会对公共安全构成威胁①——暴力私力救济带有严重的反社会倾向,具有野变性,所以常常会使局部社会陷入无政府状态,危及公民的安全与自由。所以,暴力私力救济的使用必须有严格的限制。

(二)社会救济

在长期社会冲突解决的实践中,人们逐渐发现通过建立社会秩序规则(主要是指伦理和法律这些内容)来维持和界定利益关系,是避免争斗的较好的社会冲突解决机制,制度就是其中之一。社会制度有正式制度与非正式制度之分。"非正式制度"又称为"非正式规则",是指人们在长期的社会交往过程中逐步形成、达成共识并共同恪守、约定俗成的行为准则,包括伦理、道德、习俗、禁忌、礼仪、规矩和各种"潜规则"等。罗斯科·庞德提出,道德形式不借强制力实施而是通过规范人的世界观来统治,是位于法律之上的一种更高秩序②。所以非正式制度较之于其他暴力控制手段的最大优势在于:它是得到社会认可的行为规范和内心行为准则,通过对人的世界观的改造以真正实现对暴力的有效消除和控制;不受规则限制,灵活机动;惩罚主要为社会舆论和良心的谴责,节省了公共资源和控制成本;救济通常由社会组织中的负责人或是有威望的人居中

---

① 桑本谦:《公共惩罚与私人惩罚的互动——一个解读法律制度的新视角》,《法制与社会发展》2005年第5期,第106—116页。

② 齐波:《暴力现象的法理学浅议》,《山东社会科学》2013年第5期,第89—90页。

裁判与协调,社会关系破坏程度低①。

杰克·奈特认为,社会规范中的非正式制度是人们在社会生活过程中自发形成的,这些制度通过为行为人提供行为实施的预测信息,从而实现对社会生活的规范。这些非正式的准则和习俗是通过自我实施发挥作用的,所以制度的有效性源于行为人在多大程度上相信对制度的遵守可以给他们自身带来多大的利益。因此,如果人们受利益驱使试图违反规则或者试图改变规则的情形成为普遍现象,那么非正式制度就会受到严重的威胁②。诚如奈特所言,公共制度的构建必须建立在公共信任之上,依赖于私人之间的监控和惩罚而发挥的社会控制功能的非正式制度更是如此。郑也夫也认为,"信任显然是建立社会秩序的主要工具之一。信任之所以能发挥这一功能,是因为信任可以使一个人的行为具有更大的确定性"③。因此,非正式制度较之其他暴力控制手段的最大劣势是,随着经济的发展,社会生活不断物质化,社会关系出现全面货币化趋势,应运而生的以个人主义、虚无主义和拜金主义为代表的世界观和价值观动摇了传统道德的基础,建立在社会道德上的社会秩序极易出现失序的结果。此外,一方面由于缺乏合法性和严格的程序要求,社会救济在证据收集方面不规范,缺乏公信力,从而使纠纷的解决效果不理想;另一方面,负责这些社会救济的民间调解组织的负责人多为组织中有威望的人,而不是专业人士,这些人受自身专业水平的限制和自身素质的影响,很难具有解决复杂纠纷的能力,对一些疑难问题常常出力不从心。

(三)公力救济

奈特认为,正式制度是在非正式的准则和习俗的基础上创立和设计的,主要是为了稳定或者改变现行的非正式规则或是为了规范那些缺乏非正式制度约束的社会互动行为,故在正式制度中,最为重要的就是那些规范集体决策的规则,而政府作为一种外部实施机制,用来确保人们对此规则的遵守。因此,法

---

① 桑本谦:《公共惩罚与私人惩罚的互动——一个解读法律制度的新视角》,《法制与社会发展》2005 年第 5 期,第 106—116 页。

② 杰克·奈特:《制度与社会冲突》,上海人民出版社 2009 年版,第 178 页。

③ 郑也夫:《信任论》,中国广播电视出版社 2006 年版,第 113 页。

律和政府随着正式制度的创立而被引入社会生活体系中①。公力救济即国家为了保证民众的公共安全,通过建立专门机构的形式来代替受害人报复,但禁止使用未经授权和允许的任何私人暴力。因此,由国家经营的公力救济具有如下优点:以法律或政策为依据,避免了随机性、任意性和情绪化;惩罚的专门化和职业化,保障了监控和惩罚的技术水准;以强大暴力资源和雄厚经济基础为后盾,降低受害人无力或不能惩罚加害人的风险,避免机会主义;罪刑相适应,阻断了私人之间相互报复甚至成为世仇的可能性②。

公力救济的比较优势的实质源于国家强大的暴力资源和雄厚的经济基础,但任何国家所拥有的公共惩罚资源都是非常有限的。因此,公力救济的救济能力也不是"法力无边"的。在现实生活中,公共惩罚常退出一些棘手的领域,如放弃惩罚罪恶思想、放弃惩罚婚姻不忠的一方、放弃对推搡等轻微暴力的惩罚等,以节约社会控制总成本。此外,法律的制定、实施受立法、司法、执法水平的影响,因此法律也不是万能的。理查德·A.波斯纳认为,在现代社会中,法律效力有3种:一是因各种原因,法律无法落实;二是法律自身逻辑有问题或不完善,无法得以有效实施;三是法律具有可操作性,能在实际生活中得以真正的落实,发挥其实际功效③。在一国完整的法律体系内,不同程度的混同存在着以上3种情形,而且一国法制越不健全,第一、二种情形的存在就越多,这在很大程度上影响了法律效力。当人们遭遇暴力选择公力救济时,如果救济结果和当事人的期望值相差甚远,公民会因此对法律权威失去信任,所以在面对纠纷时,人们会选择抛弃法律甚至对抗法律。如现实生活中,一些社会弱势群体在遭遇社会暴力后想诉诸法律时,往往因烦琐而僵硬的法律程序、高昂的诉讼费用、极低的运作效率等原因,不得不放弃使用法律,因此有学者称法律天生就有"喜强厌弱"的劣根性。布莱克曾说:"法律最声名狼藉的一点在于:它赋予富人比穷人大得多的权利。"

---

①　杰克·奈特:《制度与社会冲突》,上海人民出版社 2009 年版,第 178 页。

②　桑本谦:《公共惩罚与私人惩罚的互动——一个解读法律制度的新视角》,《法制与社会发展》2005 年第 5 期,第 106—116 页。

③　齐波:《暴力现象的法理学浅议》,《山东社会科学》2013 年第 5 期,第 89—90 页。

第二节　作为社会暴力的医疗暴力

一、我国医疗暴力多源于医疗纠纷

快速发展的经济使我国人民群众的物质生活获得了极大的改善,人民群众的医疗服务需求也随之较快增长,达到了一个较高水平,但我国现有的医疗服务能力和医疗保障水平相对落后,无法完全满足人们对医疗服务的期待,这种冲突在现实中又进一步演变成医疗纠纷和医疗暴力。近年来,医疗暴力的发生有进一步增多的趋势。赵敏等基于网络大数据对 2000—2015 年的 290 例网络暴力伤医事件进行研究,发现 2000—2015 年间暴力伤医事件呈总体上升趋势,其中 2013 年达到历年的峰值,占总数的 20.3%[1]。

从理论上讲,医疗暴力并不限于患者或其家属对医护人员的施行,但在各国和地区的实务上,患者及其家属所实施的攻击行为一般均占绝大多数。徐昕提出,医疗暴力泛指医疗活动中引发的暴力行为,是医患双方的互不信任导致患方在焦虑和愤怒的情绪支配下做出的暴力自救的选择[2]。关于医疗暴力的表达和概念,我国学界尚无共论,存在争议,且各个表达也蕴含着医疗暴力的不同内涵(本书第二章将进行详细阐述)。在我国,医疗暴力事件大多源于医疗纠纷的激化,这是不争的事实。在医疗过程中,医患双方因各种原因发生医疗纠纷后,该纠纷如若不及时处置或处置不妥,则会由患方向医方主动发起一种自认为的暴力维权和实现私人正义的暴力行为。因此医疗暴力往往呈现出单向性、冲突激烈、形式多样、破坏性大、有损害后果、造成医患关系对立甚至破裂等特性[3]。

---

① 赵敏、姜锴明、杨灵灵等:《暴力伤医事件大数据研究——基于 2000 年—2015 年媒体报道》,《医学与哲学》2017 年第 38 卷第 1A 期,第 89—93 页。

② 徐昕:《警惕社会转型中暴力维权的普遍化》,《中国律师》2008 年第 1 期,第 23 页。

③ 同上。

二、医疗暴力的"意义"及其局限

（一）医疗暴力具有一定的社会弊病的革除意义

频发的医疗暴力事件俨然成为社会治理过程中的一颗"毒瘤"，一方面，其不仅造成人员伤亡和经济损失，侵害了医务人员的职业安全感，使医疗卫生事业偏离了有序发展的轨道，而且还进一步加剧了医患双方的不信任，给和谐医患关系及和谐社会的构建造成了较大的阻碍。另一方面，医疗暴力体现了一些民众维权的意旨，呈现了作为一种正义实现途径的现实意义①，有时医疗暴力甚至会受到患方或者民众的推崇。如在哈尔滨医科大学附属第一医院发生伤医事件后，面对这样一起医疗暴力事件导致的惨剧，人们应该有起码的同情和尊重，一些网友却在不恰当的时间对不恰当的事件表达了自己不恰当的情绪，但这样一个明显的"一边倒"的结果让研究者不禁发出疑问：民众对医生的成见居然如此之深，甚至陷入了暴力者有理的心理状态。

经典国家理论认为，国家垄断暴力的前提是公民的合法权利的让渡。而汉娜·阿伦特认为，当社会不公时，会出现个体暴力行动突破国家垄断暴力的情景，人们透过暴力重新获得社会正义。医疗暴力的发生本质上体现了现有秩序和现实冲突剧烈的错位：在制度反馈上，暴力可能表现出强烈的制度不能及的"反规范"冲动；在资源分配上，暴力可能呈现了卫生资源占有上的失衡、不足以及对患者造成的心理失望甚至绝望；在情感表达上，暴力反映了人们对医疗卫生实践缺陷存在的深刻心理危机。所以医疗暴力难以消除甚至愈演愈烈的原因在本质上体现了个体对国家暴力的垄断的突破，即便是出于个体偏执的情感，在暴力行动的瞬间，行动者仍然有理由认为其行为是合理的；当这些医疗暴力事件发生时，行动者和其他的赞成者并非不知道这是国家律法所禁止的，但他们依然采取行动并在网上宣泄这些情绪，这是因为该暴力承载了个体道德情感和公共合理性，反映了民众对国家垄断暴力的合理性的不认可及希望通过暴

---

① 徐昕：《警惕社会转型中暴力维权的普遍化》，《中国律师》2008年第1期，第23页。

力来重新获得正义的心理。

(二)医疗暴力的社会建构意义非常有限

1. 暴力行为的原因以主观剥夺感居多

医疗暴力的泛滥促使我们不断探寻暴力的控制方法,也不禁让我们反思,是什么原因使冲突一方把暴力这一极端行为作为他们的行动选择？而对于暴力原因的深入探究,更有利于我们从中寻求更有效的控制方法。我们以行动者视角,基于社会学中的"相对剥夺感"概念作为医疗暴力归因的理论框架,对医疗暴力进行深入分析。美国学者 S. A. 斯托弗(S. A. Stouffer)最早提出"相对剥夺感"理论,R. K. 默顿(R. K. Merton)发展了该理论。相对剥夺感是指当人们将自己的处境与某种标准或某种参照物相比较而发现自己处于劣势时所产生的受剥夺感。在这种情况下,一方的剥夺感是相对于某种合理标准产生的,这一标准并非绝对的或永恒的。因此,这种剥夺感具有相对性,这个变量可以是其他人、其他群体,也可以是自己的过去。美国学者迪恩·普鲁特将社会冲突中的暴力划分成情感型暴力和工具型暴力[①]。情感型医疗暴力是指患方基于情感失控或者发泄产生的暴力行为,这种暴力是以伤害另一方为目的,而不是以此为达到目的的手段。这种暴力涉及的情感,诸如愤怒、敌意或者复仇的愿望,都直指另一方,这些情感可能来自因另一方而感知到的烦恼,或者说他们可能映射出另一方给冲突一方或其所在的群体所带来的痛苦或是相对剥夺。工具型暴力则是指患方为达到一定目的而采取的暴力行为,此种暴力是一种达到目的的手段,旨在强化冲突一方与另一方发生冲突的理由。由于相对剥夺感是一种基于相对剥夺的感受而采取的暴力行为,所以我们这里没有分析暴力索赔和职业"医闹"等这类工具型暴力,因为我们在这里要分析的是那些促使暴力行动发生的更本质、更稳定、更具解释力的原因。

我们按照医疗暴力实施者相对剥夺时的体验,将其分为利益相对剥夺感、期待相对剥夺感和救济相对剥夺感。利益相对剥夺感是指以医疗费用为主的费用上涨所引发的暴力实施者主观上的相对剥夺感。这种利益剥夺感主要受

[①] 迪恩·普鲁特:《社会冲突——升级、僵局及解决》,人民邮电出版社 2013 年版。

以下因素影响：暴力实施者的经济状况、医疗费用上涨的速率、医疗费用的合理性、医疗费用支出的预期、医疗保障制度的保障水平等。期待相对剥夺感是指诊疗实际结果与患者期待的落差所引发的暴力实施者主观上的相对剥夺感。这种利益剥夺感主要由诊疗实际结果和以下三方面的期待落差导致：健康期待（经诊疗后对健康恢复的结果型期待）、服务期待（对服务态度、服务主动性和服务质量所构成的诊疗环节的程序型期待）、参与期待（参与医疗决策过程并希望各类信息公开的诊疗过程型期待）。实际结果与期待造成的落差越大，剥夺感越强。救济相对剥夺感是指纠纷发生后暴力实施者对暴力救济方式的不信任所引发的暴力实施者主观上的相对剥夺感。医疗纠纷的救济方式主要包括自行协商、人民调解、卫生行政机构调解、诉讼等方式。救济是一种事后补救机制，如该机制运行顺畅，将会弥补在医疗纠纷之前或过程中产生的相对剥夺感，然而，在医疗暴力的生成中，我们发现，很多暴力实施者认为，目前的救济方式并不可信或可行，这一强烈的救济剥夺感使得患方在经过痛苦和挫折后最终选择用暴力解决医疗纠纷。如"王宝洺砍杀徐文案"中，王宝洺因认为同仁医院医生徐文对其实施手术过程中有过错而起诉到法院，但3年未判决。王宝洺的家属认为，诉讼迟迟未有结论，是导致王"压抑""绝望"而做出砍人举动的原因。

在对上述暴力发生的主要原因分析中，我们不难发现利益相对剥夺感和期待相对剥夺感最先导致的是医疗纠纷而非直接暴力，若医疗纠纷发生后有良好的解决机制和通畅的沟通渠道，纠纷能得到较好的妥善解决，就不会演变成极端的暴力事件①。因此，救济相对剥夺感是导致医疗暴力发生的直接原因，形成与社会结构相适宜的纠纷解决机制是社会秩序建立的重要条件，也是遏制纠纷进一步演化的有效措施。

2.暴力行为的对象即医务群体之职业具有不可替代性

医疗职业素养从内容上体现着医疗职业的不可替代性，即医学知识、临床操作技能等，职业素养是医疗职业活动正常进行的有力保障。为了获取职业素养，医疗从业人员要经过数年正规的院校教育和三年的规范化培养——以医学本科生为例，在专科医师规范化培训制度全面推广后（2020年），要成为一名能

---

①　姚尚建：《风险化解中的治理优化》，中央编译出版社2013年版，第45页。

独立、规范地从事疾病专科诊疗工作临床医师，从其进入高校就读开始，至少要经历 10 年时间。

医疗职业制度从形式上体现着医疗职业的不可替代性，即国家通过《执业医师法》《医疗事故处理条例》等一系列社会制度明确规范了医疗职业活动。根据《执业医师法》，要成为一名有处方权的医师，必须通过国家执业医师资格考试。而参加此考试的资格条件是：具有高等学校医学专业本科以上学历，满足法律规定的试用要求；或取得执业助理医师执业证书，达到法律规定的学历要求、试用要求。取得医师资格后，由本人向所在地县级以上人民政府卫生行政部门申请注册；经该卫生行政部门审查后，除《执业医师法》第十五条规定的情况外，在申请之日起 30 日内准予注册，并发给申请人医师执业证书。医师经注册后，可以按照注册的内容从事相关医疗业务。

因此，医疗职业具有鲜明的职业不可替代性，而医疗暴力行为不仅严重干扰了正常的医疗秩序，侵害了医务人员的人身权和财产权，还导致了医务人员的从医信心下滑，加剧了医患关系的紧张，并间接导致医科大学生源数量和质量下降，如近两年的儿科医生荒严重影响了医疗行业的再生性，影响医疗服务的提供能力[1]。

3. 暴力行为的后果让医疗行业整体上产生了警惕性和对抗性

医疗暴力除了给医方带来财产损失外，常导致一定的人体损害，恶性暴力事件甚至会造成重伤和死亡，且一起暴力事件中患者和家属等多人的攻击经常同时造成多名医务人员受伤甚至死亡，这不仅给医疗机构造成巨大的经济损失，而且严重干扰医护人员的正常工作[2]。此外，医疗暴力会引发医务人员的焦虑、抑郁、恐惧等心理问题，导致医护人员在后续的医疗活动中对患者表现出愤怒、不信任和缺乏安全感，对患者选择避重就轻、保守治疗等方式，甚至会产生消极怠工、转换岗位、离职的现象，最终是以广大民众的切身利益为代价。莫秀婷等人对山东省 17 个市共 20 个县（市、区）的 2344 名医务人员开展了医务人

---

[1] 邹新春、钱庆文、尹章成等：《暴力伤医潮的反思》，《医学与哲学》2016 年第 37 卷第 5A 期，第 77—79 页、第 86 页。

[2] 田丰：《医疗暴力：原因及应对》，《医学与哲学》2014 年第 35 卷第 8A 期，第 90—93 页。

员感知医患关系、工作满意度与离职意向的关系研究,结果显示,医务人员的工作满意度与感知医患关系的友好程度成正比;此外,医务人员的工作满意度直接影响离职意向,且感知医患关系对离职意向的影响部分是通过工作满意度实现的①。

第三节　医疗暴力防控的法治可能性

一、私力救济在医疗暴力控制中存在巨大争议

医疗暴力控制中的私力救济主要是指自助行为,医疗暴力自助行为是指那些遭遇医疗暴力行为后,不诉诸法律行动而寻求救济或实施权力的行为②。自助行为主要包括暴力反击、防卫和非暴力不合作。暴力反击主要是指以暴易暴,我们之前在论述暴力私力救济中讲到,私人暴力是一把双刃剑,它除了有惩罚和防御的社会控制功能外,更可能会对公共安全构成威胁,所以暴力反击是国家明确禁止的。而防卫和非暴力不合作,通常在满足即时性、救济不及性和相当性的情况下,由于其没有妨碍社会公平或违反法律规定,所以通常被视为合法的自助行为。即时性即自助应当形成于侵害行为尚未结束或威胁尚存时,这是自助的时间要素;救济不及性即自助形成于所有依赖第三方的合法救济无法达成时,这是自助的前提;相当性即自助造成的损害应大致小于或与侵害程度相当,这是自助的正当性基础。但并不是满足以上条件的自助行为就合理,如暴力发生后的明确拒诊及拒诊相关的黑名单提议,虽然法律上对此界定模糊且只针对除急诊外不得拒诊外有法律明确规定,但因其与长期形成的医疗执业道德相违背,而引起了广泛的热议和争论,甚至引起民众对医疗人员更强烈的质疑,现无定论。故私力救济在医疗暴力控制中的作用有限。

---

① 莫秀婷、徐凌忠、罗惠文等:《医务人员感知医患关系、工作满意度与离职意向的关系研究》,《中国临床心理学杂志》2015 年第 23 卷第 1 期,第 141—146 页。

② 徐昕:《论私力救济》,中国政法大学出版社 2005 年版,第 67 页。

二、第三方调解等社会救济方式虽有一定成效,但仍存在短板

在诉讼、行政调解、医院自行协商遭遇瓶颈之际,以人民调解为核心的第三方调解因其效率更高、成本更低、更中立、兼具柔性和权威性等特点,被认为是化解医疗纠纷的重要解决方式。调解除了注重解决纠纷的目标外,更注重在调解过程中医患关系治愈的过程,所以医疗纠纷第三方调解又叫作"关系治愈型调解"。但关系治愈型调解为了实现医患关系的修补,在调解过程中经常模糊法律,希望通过真诚的双方合意吸收可能的轻微法律责任瑕疵,尤其是私益方面的瑕疵。第三方调解中淡化暴力的实践与调解的性质和目标密切相关,在一定程度上提高了调解机构处理医疗纠纷的能力,缓和了日趋紧张的医患关系,同时淡化了暴力实践隐含的调解秩序观与国家秩序观潜在的融合,也促进了调解的正当性和权威性。但淡化暴力的功能性缺陷也在逐渐浮现。受维稳工作泛化的影响,在政治泛化思路下的利益衡量出现了重大偏误,除了轻微暴力外,对即便有一定破坏力的医疗暴力,考虑到可能造成对政府官员的不良影响,地方行政机构也有充分的理由平息,在调解过程中往往会选择忽略医疗机构在利益上的损失和个体在身心上的受挫。所以纠纷解决的过程中泛政治化的视角模糊了淡化暴力对重塑或恢复关系的意义,仅将医疗纠纷的平息和由此带来的短暂稳定作为淡化暴力的理由。因此,患方会侥幸其暴力行为的逃逸,并很可能通过某种传递逐渐使类似潜在的患方形成获取赔偿的策略性行为,从而进一步加剧医患对立;医方则会增加防范暴力行为的未来成本,一方面,这些成本可能会转嫁给未来的患方,另一方面也使医患关系更加紧张和对立,治愈关系的努力至此可能会适得其反,且最终医疗纠纷第三方调解的独立性和公正性也会遭到质疑。所以,第三方调解机制应当以制度完善充实其独立性,而且应当将暴力情形较为严重的医疗纠纷阻隔于调解之外,即便出于稳定的秩序观,也应更多着眼于未来,暴力的无条件淡化,势必会促进暴力的进一步猖獗。

三、行政管理过程中的非公共利益组织偏好明显

政府是公共政策的决策者和执行者,但政府利益并不简单等同于公共利

益,现代政治理论不否认非公共利益的政府利益存在,有学者将政府利益结构描绘为中央利益的地方代表者、地方利益的集中者、自身组织利益的承载者以及公务员个人利益的承载者。在涉及暴力这一敏感主题的医患冲突处理中,一些地方政府基于地方利益和政绩困局产生的文饰偏好、强制偏好以及漠视偏好等常常受到质疑。文饰偏好是指一些地方政府在对外宣传中刻意缩小暴力影响,如地方政府以行政手段对一些医疗暴力信息进行封锁;强制偏好是指一些地方政府对涉及暴力事件以强调摆平的方式迅速解决,如地方政府以行政权力影响调解,迫使医疗机构赔偿了事;漠视偏好是指一些地方政府对微小暴力事件怠于管理或全部委诸自行管理,如警方在医疗暴力事件中迟滞出警甚至采用选择性执法。这三种偏好凸显了政府利益结构中非公共利益的属性,强化了暴力事件化解上的非理性化、非法制化和非程序化。从长远来看,制度供给的损害大于短期稳定的收益。因此,排除非公共利益组织自身偏好,将有益于治理暴力的公共政策决策理性的实现。

四、医疗暴力的控制在法治框架下的治理是最有效的

徐昕提出,医患之间的不信任是医疗暴力产生的根本原因,患方对现有医疗纠纷解决机制的不信任,也激发了纠纷的暴力解决[①]。患者对纠纷解决机制的不信任也基于制度内含的不可信因子。在现有合法、正规的框架下解决医疗纠纷的方式主要有这几种:平等协商、投诉、医疗鉴定、行政调解和诉诸法院。拉默斯(Lammers)等人的研究表明,在启动被试的高权力感后,在道德两难的情景中,被试的道德思维方式主要是规则导向的,对启动低权力感的被试来讲,则主要是结果导向的[②]。即由于医方的社会地位高,对各种资源的影响和控制优势明显,胜诉几率大,因此医方更倾向于规则导向,主要倾向于后三种纠纷解决方式。相反,患者由于其社会地位普通或较低,对各种资源的影响和控制处于劣势,因此他们不愿意选择规则导向,更愿意选择结果导向(补偿或索赔),所

---

① 徐昕:《警惕社会转型中暴力维权的普遍化》,《中国律师》2008年第1期,第23页。

② DELBANCO T L. "Enriching the doctor-patient relationship by invitingthe patients perspective". *Annals of Internal Medicine*, 1992,116(5):pp.414-418.

以容易通过医疗暴力来实现诉求①。因此,我们亟须构建符合我国国情的、规范医疗暴力行为、保障医护人员人身权益和患者医疗利益的法律体系。因为法律是由国家制定并认可且由国家强制力保障的,在所有的治理方式中,定纷止争能力最强,权威度高;而法律作为纠纷的解决依据,其纠纷解决的专门化和职业化,均避免了纠纷解决的随机性、任意性和情绪化,较之其他控制方式公平性更高,是所有治理方式中解决权利义务责任争议的最有效方式;此外,我们可通过法律来确认暴力的私力救济和社会救济行为的边界,通过法律规范肯定私力救济和社会救济在限制条件下的正当性,因此更能促进私力救济和社会救济的合法有效开展,使私力救济和社会救济行为与法律制度对医疗暴力的治理形成更好的互补关系。

(孙雪、冯磊)

---

① 刘瑞明、肖俊辉、陈琴等:《医疗冲突与暴力的缘起、发展与消弭——互动视域下医患权利(力)运作形式三》,《中国医院管理》2015 年第 35 卷第 10 期,第 15—17 页。

第二章 医疗暴力的界定、类型和发展趋势

第一节 医疗暴力的界定

一、医疗暴力的概念界定

虽然在我国,医疗暴力事件大多源于医疗纠纷的激化,但医疗暴力"医疗纠纷"是不同的概念,根据 2018 年 10 月 1 日起实施的《医疗纠纷预防和处理条例》,医疗纠纷是指医患双方因诊疗活动引发的争议。"争议"并不等同于"暴力行为"。对医疗暴力的表达和概念,我国学界尚无共论,存在争议。就医疗暴力表达而言,有称之为医疗暴力,也有医院暴力、暴力伤医(或暴力袭医、暴力杀医、伤医暴力)、医院(医疗)工作场所暴力、涉医暴力、涉医违法犯罪等各种表达,各个表达也蕴含着医疗暴力的不同内涵。

(一)医院工作场所暴力(或"医疗职场暴力")的使用

国内在研究医疗暴力时,常引用 WHO(世界卫生组织)2002 年在《新的研究表明工作场所暴力威胁卫生服务》公报中对"医院工作场所暴力"所下的定义。国际劳工组织、国际护理学会、世界卫生组织、国际公共服务对职场暴力的共同定义为:任何对执业场所中的工作人员凌虐、威胁、侵犯、殴打或其他攻击行为,并影响其安全、福祉与健康,包含肢体与非肢体暴力。非肢体暴力如言语暴力、职场霸凌与性骚扰等,肢体暴力是指使用身体力量的攻击行为而造成他人生理或心理上受伤的操作,例如踢、捏、咬、推挤、殴打、捆掌、刺、射、朝身体丢掷东西等;非肢体暴

力中的言语暴力是指言语辱骂、恐吓、责备、散布谣言、恶意中伤等,直接或间接的言语攻击,导致他人生理、心理、精神、道德或社会发展之伤害;职场霸凌则以同事间的霸凌为主,牵涉的双方有明显的权力不平衡感,利用职权或上对下之形势进行威胁;性骚扰则指非自主与性有关之言语、肢体碰触、暴露生殖器,使他人感到难堪、不安或威胁①。域外国家对医院工作场所暴力也做了相关定义,如美国卫生与公众服务部将医院工作场所暴力定义为:"针对医务工作者的暴力或以暴力威胁,表现为侵害身体的攻击,威胁或引起生理或心理伤害的行为。"②澳大利亚学界将医院工作场所暴力定义为:"在危险因素影响下,对医务人员进行以身体攻击和言语攻击为主的行为并使医务人员心理或心理受到损害的事件。"③

美国学者在基于肇事者与职场本身的关系上将工作场所暴力分为四类,分别是Ⅰ类攻击:肇事者与职场或雇员没有关系(如有犯罪意图的人实施武装抢劫);Ⅱ类攻击:肇事者是工作场所雇员的客户和患者(如醉酒患者挥拳殴打护士助理);Ⅲ类攻击:肇事者是工作场所现雇员或前雇员(如最近辞退的员工袭击前主管);Ⅳ类攻击:肇事者与雇员有个人关系,与工作场所无关(如前夫在前妻工作场所袭击前妻)④。医院工作场所暴力主要是医患双方基于医疗服务关系产生的,患方在接受医方服务时成为施暴者,属于Ⅱ类攻击。其他三类攻击行为都是非基于医疗服务关系的,当施暴类型属于其他三类攻击,受害者主体受害原因并非基于其医务人员身份,而是基于其他社会关系。

在我国,对于医院工作场所暴力这一表达使用较多的来自暴力流行病学研究,如王声湧教授等的《暴力流行病学》,李波教授的《护士在医疗场所遭受暴力

① MARTINO V. *Relationship between Work Stress and Workplace Violence in the Health Sector*. Geneva, Switzerland: ILO/ICN/WHO/PSI Joint Programme on Workplace Violence in the Health Sector, 2003.

② KUEHN B M. "Violence in health care settings on rise". *Journal of the American Medical Association*, 2010(5): pp. 511—512.

③ HOPKINS M, FETHERSTON C M, MORRISON P. "Prevalence and characteristics of aggression and violence experienced by Western Australian nursing students during clinical practice". *Contemporary Nurse*, 2014, 49(1): pp. 113—121.

④ PHILLIPS J P. "Workplace Violence against Health Care Workers in the United State". *The New England Journal of Medicine*, 2016, 374(17): pp. 1661—1669.

侵害的现况分析》,陈祖辉博士的《广州市医院工作场所暴力流行病学研究》,运用流行病学研究方法,采用调查问卷等方式,分析医疗工作人员遭受暴力的发生率、分布特征、危险因素、影响等因素,提出预防、治理对策。

但医院工作场所暴力的表达存在以下两个局限。第一,从表达的概括能力上,医院工作场所暴力不能完全涵盖医疗暴力行为,将医疗暴力定性为工作场所暴力的一种,将暴力的对象仅局限于人,有些狭窄。事实上,在国内实践中,除了经常出现的将暴力直接作用于医务人员外,也存在许多通过打砸医院的办公设施、医疗设备等医院物质性财产来震慑医方的暴力行为。其次,并非所有的医疗暴力都发生在医院工作场所,还可能发生于急救车与患者家庭等医院工作场所延伸的处所,或是医院工作人员的私人生活场所。第二,从研究方法的角度来看,流行病学研究方法的任务在于揭示现象、找出原因、提供措施,有学者认为对衍生医疗暴力的制度生态,文化环境的回溯、考证、评价、预测,以及医疗暴力的发生频率、发生烈度、影响力,不是规范的流行病学方法和职业安全管理研究所能囊括的[1]。因此,对医疗暴力的研究不能仅限于从流行病学角度出发研究的医院工作场所暴力,医院工作场所暴力的定义并不能直接等同于医疗暴力的定义。

(二)暴力伤医的使用

对于暴力伤医这一表达的使用,广泛出现在各大新闻报道、学术专著和论文及法律法规文件中。首先,对暴力伤医一词使用较早、较为普遍的是新闻媒体。如对"哈医大杀医案",中央电视台"新闻1＋1"栏目就采用了"暴力伤医"一词,《人民日报》《光明日报》《法制日报》《中国中医药报》《健康报》《南方日报》等也多次刊登关于暴力伤医的现象、应对策略等报道。这一表达的运用与暴力伤医一词直接表达了暴力行为中最激烈、最能引起关注的情感"核心"有关,该表达蕴含的情感既能引发医务人员的同理心,使内心的愤懑、不满等情感得到宣泄,也有助于引发社会各界的关注,反思暴力伤医对医务人员、对社会的伤害[2]。

---

① 冯磊:《冲突与治理——中国医疗暴力的现实图景与治理策略研究》,科学出版社2017年版,第24页。

② 冯磊:《冲突与治理——中国医疗暴力的现实图景与治理策略研究》,科学出版社2017年版,第22页。

许多学者在研究中也经常使用"暴力伤医"一词。中国医院协会贾晓莉等的《2003年—2012年全国医院场所暴力伤医情况调查研究》中,该研究以医院、医务人员和患者作为研究对象,其对暴力伤医的概念仍沿用了WHO关于医院工作场所暴力的定义,该研究在医院工作场所暴力的基础上进一步对"恶性伤医"进行了界定。张思在《依法治国视域下防治暴力伤医的法律途径》一文中虽然引用了WHO关于医院工作场所暴力的定义,但在此基础上提出了物、人、组织是暴力伤医的行为对象。赵敏等人在《暴力伤医事件大数据研究——基于2000年—2015年媒体报道》一文中提出,将"伤医"广义解释为既包括伤害杀害医务人员的行为,也包括打砸医院的行为。

暴力伤医多次在官方新闻发布会和法规规章文件中使用,具有浓重的"官方色彩"。2014年4月24日,最高人民法院在新闻发布稿中使用了"涉医违法犯罪"这一概念[1]。2017年2月23日,最高人民法院表示要对暴力伤医案件从严惩处。2016年10月21日,最高人民检察院对外发布《关于全面履行检察职能为推进健康中国建设提供有力司法保障的意见》,时任最高检侦监厅厅长的黄河表示将"暴力伤医案件一律列为重大敏感案件""暴力伤医犯罪具有严重的社会危害性"。在2017年和2018年全国人民代表大会上,最高法院和最高人民检察院的工作报告中均提及了"暴力伤医"。

除了最高人民法院、最高人民检察院,国务院、原卫生部(卫计委)、公安部、各级地方政府及政府部门[2]等也多次在新闻发布会或法规规章文件中使用暴力伤医一词。从上述文件中可以看出,"暴力伤医"一词有广义和狭义之分,广义的暴力伤医泛指一切对医务人员、医疗机构使用暴力的行为。狭义的暴力伤医指的是行使暴力伤害医务人员的行为。

---

[1] 《五单位依法惩处暴力伤医维护正常医疗秩序新闻发布会》,中国政府网,2014年4月25日,http://www.gov.cn/xinwen/2014—04/25/content_2666414.htm。

[2] 如《国务院关于深化医药卫生体制改革工作进展情况的报告》《国家卫生和计划生育委员会、中央综治办、中央宣传部、中央网络安全和信息化领导小组办公室、最高人民法院、最高人民检察院、公安部、司法部、中国保险监督管理委员会关于印发严厉打击涉医违法犯罪专项行动方案的通知》《重庆市人民政府关于印发重庆市深化医药卫生体制综合改革试点方案的通知》《湖南省公安机关关于维护医疗机构秩序处置医闹事件的意见》等文件中均使用了"暴力伤医"一词。

(三)医疗暴力的使用

医疗暴力也是一种广泛使用的表达。徐昕教授等在《暴力与不信任——转型中国的医疗暴力研究：2000—2006》一文中较早地规范使用了"医疗暴力"这一表达，认为"医疗暴力指医疗活动引发的暴力行为"[1]。冯磊博士在其专著《冲突与治理——中国医疗暴力的现实图景与治理对策研究》也运用了"医疗暴力"这一表达，并对医疗暴力做出了详尽的定义，医疗暴力是指发生在医疗空间（场域）内的针对医务人员或医疗机构的个体或群体暴力行动，对人而言，既包含直接侵害的肢体冲突，也包含恐吓、威胁等精神上的施压行为；对机构而言，既包含损害财务、打伤人员等直接侵害行为，也包含以暴力威胁扰乱机构正常运行秩序为目的的施压行为[2]。我国台湾学者张耀懋、胡宗典沿用世界卫生组织关于"工作场所暴力"的定义，将医疗暴力界定为在医疗机构发生的，执行医疗业务之人在与其工作相关环境（包含上下班途中及工作场所）所受到的对其安全、幸福或健康造成显性或隐性挑战的辱骂、威胁或袭击。也有学者使用"涉医暴力"一词，如赵金萍等在其论文《涉医暴力的法伦理学探析》中对"涉医暴力"进行了界定，但从其界定中可看出，其将暴力发生范围仅限于工作场合、上班时间，而未包括医护人员在上下班途中及家中所受的伤害。新闻媒体的使用以南方周末记者刘俊等人的《中国医疗暴力史》为代表，该文在同类报道中影响力较大。其他社会各界的使用以"温岭杀医案"中医务人员自发聚会，高举"医疗暴力零容忍"的标语为代表。

应该说，"暴力伤医"和医疗暴力都是对这种暴力现象比较充分恰当的表达方式，但与暴力伤医相比较，医疗暴力的表达更偏中性，逻辑更为严谨。暴力伤医的表达侧重点是暴力行为的受害人，凸显了医务人员在暴力中受到的伤害，有利于当事人情感的释放；医疗暴力的表达侧重点在于暴力行为的基础和原因，标识了暴力行为是基于医疗服务而形成的，受害人也是医疗服务关系中的

---

[1]　徐昕、卢荣荣：《暴力与不信任——转型中国的医疗暴力研究：2000—2006》，《法制与社会发展》2008年第1期，第82－101页。

[2]　冯磊：《冲突与治理——中国医疗暴力的现实图景与治理策略研究》，科学出版社2017年版，第27页。

提供者,有利于对暴力行为原因进行反思,这也是对暴力行为的研究价值之所在。此外,医疗暴力的表达也与校园暴力、家庭暴力、性暴力等其他暴力形式的表达相一致。因此,本书将采用医疗暴力这一表达方式,并将医疗暴力定义为:在医疗机构及卫生从业人员工作生活场所,以威胁、限制人身自由等非程序性有形力,致使卫生从业人员心理、生理等受到伤害或使其工作生活场所造成严重财产损失的个体或群体暴力行动。本书未将医疗暴力局限于"基于医疗服务关系",即再次强调"虽然在我国医疗暴力事件大多源于医疗纠纷的激化,但医疗纠纷的激化并非为医疗暴力的唯一性原因"这一观点,以期与国际研究接轨。

(四)医疗暴力行为的法律性质

从被害人的角度来看,医疗暴力行为是一种民事法律上的侵权行为,严重的则构成刑事法律上的犯罪行为,属于暴力犯罪。医疗暴力行为可以运用一般刑法上暴力之概念,属于一种不法行使有形力的情况。从行为人的角度来看,医疗暴力本质上是一种患方的私力救济行为[1],无论这种行为是否给社会带来正面的影响,它的非法性也不可掩盖,它是一种对医方的民事侵权行为或刑事犯罪行为,其具体构成要件主要包括以下几方面:第一,包括患者、患者家属及受患方委托(雇用)的第三方人员在内的患方对医方实施了暴力侵害行为(包括言语暴力);第二,暴力侵害行为造成了包括医生、护士、医院行政管理人员、医院保安等在内的医务工作人员的人身、财产权利或医院的财产性利益受到损害;第三,患方的暴力侵害行为是导致医方受到损害的原因;第四,患方在主观上存在过错,在医疗暴力中主要存在的是故意,特别是直接故意,即明知道自己的暴力行为会导致医方权利受到损害,却希望或者放任这种结果的发生。

---

[1] 徐昕教授将"私力救济"定义为:当事人认定权利遭受侵害,在没有第三方以中立名义介入纠纷解决的情形下不通过国家权力机关和法定程序,而依靠自身或私人力量解决纠纷,实现权利。与医疗暴力的行为比较可以看出,医疗暴力实质上就是患者面对医疗纠纷的私力救济行为。参见徐昕:《论私力救济》,广西师范大学出版社2015年版,第45页。

二、医疗暴力的特征

(一)医疗暴力的发生具有普遍性

据中国医学科学院调查研究,2008—2013 年间,有 63.4％的医务人员称曾经遭受患者辱骂,其中约一半的医务人员称自己被辱骂过 3 次及以上;14.3％的医务人员称曾经与患者发生过肢体冲突,3.2％的医务人员称曾经发生过 2 次及以上肢体冲突[①]。医疗暴力的发生在中国已经成为一种普遍现象,其发生率较高。医疗暴力的频繁发生已经成为危害医务人员工作环境及其人身安全的最大威胁之一。

医疗暴力并非某个国家和地区的个案,也不是某个医疗机构偶然发生的事件,而是目前医疗领域广泛存在的一种现象,具有全球性和普遍性。世界卫生组织与国际劳工组织等组织联合进行的一项较早的国家研究报告显示,暴力普遍存在于医疗场所,受害人男性女性都有,一半以上的医疗保健人员在上一年遇到身体或心理暴力事件至少有一次:在保加利亚为 76％,在澳大利亚为 67％,在南非为 61％,在葡萄牙保健中心为 60％、医院为 37％,在泰国为 54％,在巴西为 47％。[②]

在美国,根据美国劳工统计局职业伤害和疾病的调查数据,2003—2010 年 8 年间共计发生 130290 起非致命暴力事件,其中 63％属于医疗暴力。美国急诊护士协会(Emergency Nurse Association)2009 年的一份调查研究表明,25％的被调查者反映在近一年中所经历的身体暴力是过去 3 年的 20 倍以上,近 20％的被调查者表示在同一时间框架内遭受超过 200 次辱骂[③]。2001 年监测研究表明,2000 年,57％的经验丰富的护士曾遭受威吓或辱骂;据更早前的报

---

① 王亮、李梅君、张新庆等:《暴力侮辱伤医状况的调查分析》,《医学与哲学》2014 年第 9A 期,第 47—49 页、第 73 页。

② NELSON R. "Tackling violence against health-care workers". *The Lancet*, 2014, 383(9926):pp. 1373—1374.

③ 李威、张雪、尹梅等:《美国医院暴力研究及其对我国的启示》,《医学与哲学》2014 年第 11B 期,第 95—97 页。

道,75%的在职护士是工作场所暴力的受害者。美国联合委员会(The Joint Commission)认为,一度被视为安全天堂的医疗机构,现在正面临包括诸如殴打、强奸和杀人在内的犯罪率稳步增加的问题。2010—2013年间,全美医疗照护场所共发生了约2.4万起职场暴力攻击事件,而且近年来这类情况正逐渐加剧,2012—2015医院暴力犯罪从每100床2.0件增加至每100床2.8件[1]。美国医疗行业被视为在调查分析中除执法机构之外经受暴力危害最大的行业[2]。

同样在英国,根据英国医学学会(The British Medical Association)的调查研究,英国有大约一半的全科医生和医院医生经历了一定程度的暴力或虐待,包括言语虐待、威胁和身体伤害[3];在澳大利亚,通过对塔斯马尼亚州2400名护士的调查研究可以发现,64%的护士在过去4周曾遭遇过激烈的冲突事件[4];在日本东京,44.3%的医护人员曾经遭受过医疗暴力[5]。在意大利,有49%的医护人员遭受身体暴力,遭受言语暴力高达82%。在过去的十几年中,医疗暴力发生率较高,备受各国关注。

根据我国台湾地区"台湾病人安全通报系统"2015年年报,医院的伤害行为事件(1522件)中,身体攻击排行第一(占比60.4%),言语冲突其次(占比28.1%)。据2006年台湾地区急诊医学会调查统计,我国台湾地区有79%的急诊医护人员曾遭受暴力威胁,有37%曾受到暴力攻击。据一项调研显示,在我国澳门特区,医务人员遭受言语辱骂的超过半数(56.8%),其次是威胁和滋扰(32.1%),身体暴力(13.0%)、性骚扰(8.2%)及其他骚扰(5.5%)。

---

① The Joint Commission. *Sentinel Event Data*. Oakbrook Terrace,IL. 2016.

② PHILLIPS J P. "Workplace Violence against Health Care Workers in the United State". *The New England Journal Of Medicine*,2016,374(17):pp.1661—1669.

③ KMIETOWICZ Z. "Half of UK doctors experience violence or abuse from patients". *British Medical Journal*,2003,327(7420):p.889.

④ 杨辉、刘峰、张拓红等:《医疗服务场所的医患激烈冲突防范——澳大利亚医院的经验及其对中国医院的启示》,《中国医院管理》2008年第5期,第35—37页。

⑤ 冯磊、侯珊芳:《医疗暴力防控的国际经验及其借鉴》,《医学与哲学》2015年第7A期,第60—62页。

(二)医疗暴力行为具有相似性

就医疗暴力的实施地点而言,多发于医院门急诊。统计近 16 年媒体报道的 290 例医疗暴力事件,门诊、急诊是医疗暴力的高发科室,急诊占 25.8%,门诊占 22.9%,其他高发科室从高到低排分别是内科、ICU、医院院办医务处等行政科室、外科、妇产科、院外出诊、儿科[①]。统计 2010—2015 年 52 例典型案例发现,医疗暴力发生率最高的为急诊科[②]。王玲对 2000—2015 年网络媒体公开报道的 326 个医疗暴力事件分析后发现,除去不能明确的"其他"科室以外,医疗暴力发生率最高的科室也是急诊科[③]。

在国(境)外,各科室发生医疗暴力的比例也不相同。在 2000—2011 年间,全美医院共发生 154 起枪伤,发生在医院院区室外的情况最多,占 41%,有 29%的枪伤发生在急诊科,19%发生在住院处[④]。美国佛罗里达州南佛罗里达大学心理学教授保罗·斯派克表示即使在所有环境中都可以发生攻击,但大多数暴力事件都发生在少数地区,在其研究中,急诊科、老年科和精神科医疗暴力发生率较高。[⑤]

医疗暴力的施暴主体具有单向性,多为患方向医方发起。基于国内的相关调查和对媒体报道的医疗暴力事件的分析,施暴者大多为患者家属,其次为患者本人;从年龄结构来看,施暴者多为男性青年人和中年人[⑥]。在美国,沙利文(Sullivan)等学者对洛杉矶医院工作人员的调查也表明,医疗暴力行为施暴者

①　赵敏、姜错明、杨灵灵等:《暴力伤医事件大数据研究——基于 2000 年—2015 年媒体报道》,《医学与哲学》2017 年第 1A 期,第 89—93 页。

②　杨可、程文玉、张婷等:《近 5 年我国法院审理判决的医疗暴力案件分析》,《中国医院管理》2016 年第 36 卷第 4 期,第 68—70 页。

③　王玲:《医院人文管理视角下医疗暴力问题探讨》,遵义医学院硕士学位论文,2017 年。

④　PHILLIPS J P. "Workplace Violence against Health Care Workers in the United State". *The New England Journal Of Medicine*,2016,374(17):pp.1661—1669.

⑤　NELSON R. "Tackling violence against health-care workers". *The Lancet*,2014,383(9926):pp.1373—1374.

⑥　赵敏、姜错明、杨灵灵等:《暴力伤医事件大数据研究——基于 2000 年—2015 年媒体报道》,《医学与哲学》2017 年第 1A 期,第 89—93 页。

绝大多数为患者本人,占 86%[①]。

就施暴方式而言,心理暴力高于生理暴力,生理暴力多倾向于直接的躯体接触攻击。统计 2010—2015 年的 52 例典型案例发现,施暴者主要采取的暴力形式为口头谩骂、殴打医务人员、扰乱医院就诊秩序及破坏医院财物[②]。

就医疗暴力的受害人而言,受害者多为临床一线医务工作者,特别是青年医生和护士。然而,医生与护士在不同地区所遭遇的医疗暴力情况有所不同,如新西兰一项调查显示,护士比医生更易成为病患攻击的对象,遭受暴力的比例比医生多出 2—3 倍。亚洲的报道则指出,不论是医生还是护士,医疗暴力的发生率未见显著差异。据中国台湾急诊医学会调查,2006 年台湾地区急诊医师遭受暴力威胁与肢体暴力的比例(89% 及 37%)均高于急诊护理人员(73% 及 36%)。

(三)医疗暴力诱因具有复杂性

医疗暴力诱因复杂,但多集中于医疗效果达不到患者的期望值或者医疗费用过高。通过前期研究的总结和分析,导致我国医疗暴力事件的主要原因有:经济因素导致的医患之间缺乏应有的信任,发生纠纷后未有及时化解渠道及投诉和其他解决机制不畅通(根据认知—新联想模型,任何不愉快的情绪或情感的唤醒都有可能引发攻击或暴力反应;若其社会的解决方法和其他可替代的非攻击性方法太过复杂或太不通畅甚至有违公平公正,那么当事人就会采取最简单易行的暴力攻击行为来解决问题),公民法治意识淡漠及"医闹"事件成功的反面引导(根据社会学理论,个体的攻击性行为是通过后天有意或无意的观察习得的,并通过强化得以修正)。具体到纠纷的诱因方面,则主要为患方对医疗机构及医护人员的种种不满情绪,如认为医护人员态度不佳、医护人员技术水平有限、医疗机构存在过度检查行为、医疗机构误诊或延误病情、治疗效果未达到预期结果、收费过高或不合理、医生对患者实施性骚扰等。除此之外,还存在

---

① SULLIVAN C, YUAN C. "Workplace assaults on minority health and mental health care workers in Los Angeles". *American Journal of Public Health*, 1995,85(7):pp.1011—1014.

② 杨可、程文玉、张婷等:《近 5 年我国法院审理判决的医疗暴力案件分析》,《中国医院管理》2016 年第 36 卷第 4 期,第 68—70 页。

患者抢救无效死亡后患方情绪激动、施暴人神志不清（精神障碍、喝酒、吸毒等）、患方素质低下（插队、开假诊断证明等无理要求）等情形所致的医疗暴力。

中国医院协会和中国医院协会医疗法制专业委员会共同完成的调研报告指出，导致医疗暴力的直接原因是诊疗结果与患方期待落差大、医患沟通不到位、诊疗费用高、医务人员服务态度差等。在我国学者的研究中，还有一种观点，就是将媒体不实报道加剧医患矛盾视为医疗暴力产生的一个原因，甚至在一项对医务人员展开的调研中，3/4 以上的医务人员认为媒体负面导向之"推波助澜"行为，是引起民众对医疗机构不满并造成医疗暴力的首要原因[1]。

（四）医疗暴力后果具有严重的社会危害性

第一，医疗暴力往往可能直接导致医务工作者重伤死亡甚至扰乱医疗秩序致科室暂停诊疗等后果。统计近 16 年来媒体报道的 290 例医暴事件，致医务工作者重伤共 71 例占 25.4%，致医务工作者严重精神伤害共 30 例占 10.7%，致医务工作者死亡共 27 例占 9.6%[2]。中国医院协会调查研究表明，84.0%的医院管理人员、78.0%的医务人员和 51.2%的患者认为，恶性伤医行为（即造成医务工作者功能障碍、永久性残疾、死亡等严重后果的严重医疗暴力事件）属于"刑事犯罪"[3]。从以上数据不难看出，医疗暴力行为严重危害了医务工作者的人身安全。浙江省温岭市某医院耳鼻咽喉科主任医师王某某、广东省某医院口腔科主任医师陈某某、内蒙古包钢某医院神经内科主治医师朱某某、某医科大学附属第一医院实习医生王某某等等，他们的死无不引发医疗界及社会各界的密切关注，令人惋惜。医疗暴力行为不仅严重侵害了医务人员的生命权和健康权，更严重扰乱了医院医疗秩序。如 2016 年 5 月 23 日，因患者就医时抢救无效死亡，广东汕头大峰某医院肾内科 5 名医生，包括科室正、副主任，全部被患

---

① 荆春霞、王声湧、陈祖辉等：《医护人员对医院暴力的认知状况调查》，《中国公共卫生》2004 年第 20 卷第 3 期，第 86—87 页。

② 赵敏、错明、杨灵灵等：《暴力伤医事件大数据研究——基于 2000 年—2015 年媒体报道》，《医学与哲学》2017 年第 1A 期，第 89—93 页。

③ 贾晓莉、周洪柱、赵越等：《2003 年—2012 年全国医院场所暴力伤医情况调查研究》，《中国医院》2014 年第 18 卷第 3 期，第 1—3 页。

者家属殴打致伤,导致科室无医生,医院被迫停诊。又如 2014 年 3 月 5 日,因一酒后急性酒精中毒患者于 3 月 4 日在广东潮州中心医院抢救无效死亡,其家属纠集 100 多人押着 4 日晚的值班医生在医院内游行,不仅对该医生造成了严重的心理创伤,而且严重扰乱了该医院正常的医疗秩序。

第二,医疗暴力容易导致当事人长期的心理伤害。澳大利亚维多利亚州的一项调研发现,精神医疗机构遭受医疗暴力的受害者,有 1/3 患有心理障碍,患严重心理障碍的约 1/6。据国内一项调查发现,亲身经历医疗暴力的护理人员不仅会产生震惊、不知所措、愤怒、委屈郁闷、伤心难过和无助绝望等即刻心理反应,在暴力发生后,还会产生幻想受害、睡眠障碍等后续心理创伤。护理人员对自己的工作会产生怀疑,同时会影响自己的儿女和周边人员的护士择业意愿。国内相关调查发现,医务人员在遭受医疗暴力后,容易引发情绪低落、情感衰竭、消极怠慢等情绪,尤其是医务人员遭受来自患者本身的暴力行为时,会对自己工作及其意义产生怀疑,进而对工作失去热情,对患者失去耐心[1]。一项针对医学实习生遭受医疗暴力的调查发现,在被调查的 393 人中,有 152 人(占比 38.7%)在最近一年遭受过医疗暴力。医疗暴力对医学实习生的影响较大,遭受过暴力的实习生中甚至有个别人产生过自杀的想法[2]。

第三,医疗暴力导致医护人员的流失。中国医院协会的调查表明,100%的医院认为医疗暴力对医院有影响,6 成医务人员认为当前执业环境较差,近 4 成医务人员有过转行念头,16%的医务人员表示"坚决不同意子女学医或从医"[3]。一般医生在经历、接触或者听闻医疗暴力事件后,普遍会愤愤不平、满腹冤屈,出现工作热情下降、害怕暴力再次发生、希望转行、不敢单独上下班等心理。

根据一项医疗暴力事件对医学生专业学习及择业观影响的调研结果,医疗暴力对各专业各年级的医学生或多或少都会造成专业学习和择业观方面的负

① 王珂、朱伟、杨力沣等:《郑州市综合医院医务场所暴力与医务人员工作倦怠的关系》,《中国卫生事业管理》2012 年第 29 卷第 5 期,第 391—393 页。
② 赵海艳、刘嘉、王为等:《实习医生遭受医疗暴力情况调查与分析——以某医学院校实习医生调查为例》,《医学与哲学》2015 年第 36 卷第 7A 期,第 57—59 页,第 95 页。
③ 贾晓莉、周洪柱、赵越等:《2003 年—2012 年全国医院场所暴力伤医情况调查研究》,《中国医院》2014 年第 18 卷第 3 期,第 1—3 页。

面影响,在择业观方面,影响最大的学生是临床和护理专业的,选项为"极大的负面影响"和"负面影响"的比例分别高达 74.3% 和 69.1%[①]。

第四,医疗暴力最终会导致医患关系趋于紧张,诱发更多医患冲突的发生,形成恶性循环。医疗暴力的发生,在一定程度上会导致医务工作者对诊疗行为有所顾忌,甚至会导致防御性医疗或过度医疗现象的出现,如拒绝收治高危病人、回避高风险的诊疗方案、增加不必要的检查项目、增加会诊转诊数量、增加知情同意书的数量,甚至将手术同意书改为手术志愿书等等,这一方面将导致医务人员工作满意度和效率降低、医疗服务质量下降,医学技术进步的停滞;另一方面也会加剧医患间的不信任,加剧患者的经济压力,使本有可能生还的患者丧失抢救的时机和小概率治愈机遇,为更多医疗纠纷和医疗暴力埋下导火索,最后形成医患双方"双输"的局面。

第二节　医疗暴力的类型

在实践中,医疗暴力常表现出不同形态,通过单一的预防措施很难有效地预防、控制所有医疗暴力。因此,在探讨医疗暴力的防控措施之前,将医疗暴力进行种类的划分,针对不同类型的医疗暴力分别做出相应侧重的防控对策,对实践中医疗暴力的预防有一定的指导意义。对医疗暴力进行分类时,很多医疗暴力的类型并不是非此即彼的,而是表现为跨种类、混合型的医疗暴力,需要具体情况具体分析。

一、针对医院型医疗暴力和医院工作场所型医疗暴力

根据医疗暴力对象的标准划分,医疗暴力可以划分为针对医院型医疗暴力和医院工作场所型医疗暴力。

---

① 张丽娜、马晓玲、高云山:《略论暴力伤医事件对医学生专业学习及择业观的影响》,《学校党建与思想教育》2017 年第 5 期,第 68-71 页。

针对医院型医疗暴力是指医疗暴力的对象是医院,常表现为施暴人员不是对医务人员进行攻击,而是毁坏医院财产,对医院进行打砸,破坏医院医疗及办公设施等,或是在医院设灵堂、拉横幅、堵塞大门等,扰乱医疗秩序的暴力行为。如2016年1月3日凌晨3时左右,在上海市某医院,一男子因为醉酒被家属送到医院急诊,因为意识不清踢坏诊室桌椅。

医院工作场所型医疗暴力则指发生在医疗工作场所中,以医务工作者为对象的医疗暴力,也即美国等国家使用的"医院工作场所暴力"的概念,常表现为对医务工作者的伤害,致使医务工作人员精神伤害、轻微伤、轻伤、重伤甚至死亡的后果。如2016年10月3日,陈某某因其女因病在某医院死亡,用砍刀砍击儿科值班医生李某某二十几刀,后李某某经抢救无效死亡①。

现实中,这两种类型的医疗暴力常常混合出现,既存在打砸医院、毁坏医院财产的行为,也存在对医务工作者的伤害。如有一男子在广州某医院就诊期间,因与其老板发生争执心情不好,将该医院急诊室的设备损坏,随后欲离开医院,被该医院一名工作人员拦住,该男子随即用手扇向该工作人员面颊。

如果进一步根据医疗暴力的对象是否具有针对性为标准划分,医疗暴力可以划分为有针对型医疗暴力和无针对型医疗暴力。

有针对型的医疗暴力指的是患方实施的医疗暴力的对象是特定医疗服务关系中的医方,该类医疗暴力事件多因具体医疗争议引发。无针对型医疗暴力指的是患者实施的医疗暴力的对象不是特定医疗服务关系中的医方,而是基于报复心理攻击不特定的医务人员。

二、身体暴力、心理暴力和性暴力

根据医疗暴力行为类型的标准划分,世界卫生组织将针对医生的医院工作场所暴力伤害分为身体暴力、心理暴力和性暴力等三种②。

---

① 最高人民检察院发布12起检察机关服务健康中国建设典型案例之一:山东莱钢医院陈建利暴力伤医案。

② 贾晓莉、周洪柱、赵越等:《2003年—2012年全国医院场所暴力伤医情况调查研究》,《中国医院》2014年第18卷第3期,第1—3页。

身体暴力指施暴者以体力伤害医务工作人员身体的攻击性行为,主要包括推、撞、挤、踢踹、踩踏等直接接触的暴力行为,以及使用常规工具或武器的间接接触的暴力行为,身体暴力可能造成医务人员轻微损伤、明显损伤、功能障碍或永久残障等严重不良后果,此类医疗暴力是医疗暴力中最为常见、最一般的表现类型。

心理暴力主要指对医务人员进行语言上的谩骂、嘲讽侮辱和威胁等言语暴力,也包括通过网络等新媒体进行造谣诽谤或者威胁恐吓医务工作人员的行为,如曾有患者家属在朋友圈里表示:"如果主刀医生没把我哥的手术做好,明年的今天就是他的祭日。"此外,社会影响力极大的恶性医疗暴力事件,也可以视为对不特定多数医务工作人员的心理暴力。

"性暴力"指对医务工作者,特别是女性医务工作者的性相关的人身权利的侵犯,通常表现为强奸、侮辱、猥亵、骚扰等行为。目前,一般研究认为,在我国,性暴力发生率和报告率均较低,但根据中国医院协会的调查研究发现,医院发生性暴力的比例呈逐年上升趋势,2012年平均每家医院发生 0.6 次,是 2008 年的 2 倍①。

三、个体型医疗暴力与群体型医疗暴力

根据医疗暴力实施主体的数量不同,可分为个体型医疗暴力和群体型医疗暴力②。

个体型医疗暴力是指暴力实施主体为个体或者少数人的医疗暴力行为。群体型医疗暴力则是指暴力行为参与主体人数众多的医疗暴力行为。群体型医疗暴力常常表现为下文中的"医闹型医疗暴力"。

在我国 2000—2015 年间媒体报道的 290 例医疗暴力事件中,人数以单人为主的占 58.6%,10 人以下的占 23.8%,10 人及以上的占 17.6%。从这组数

---

① 王玲玲、王晨、曹艳林等:《医院场所暴力伤医趋势、不良影响分析与思考》,《中国医院》2014 年第 18 卷第 3 期,第 4—6 页。

② 冯磊:《冲突与治理——中国医疗暴力的现实图景与治理策略研究》,科学出版社2017 年版,第 35 页。

据可以看出,目前,我国医疗暴力的现状仍以个体型医疗暴力为主,群体型医疗暴力较少。但群体型医疗暴力表现为"医闹型医疗暴力",患方侮辱、攻击医务工作人员,并在医疗机构内部采用摆花圈、设灵堂、拉横幅等方式扰乱社会秩序,其影响力、冲击力较一般个体型医疗暴力更为严重,社会危害性更大,处理起来也更为困难,需要慎重处理。

四、"医闹"型医疗暴力和非"医闹"型医疗暴力

根据是否涉及"医闹"行为的标准划分,医疗暴力可以划分为"医闹"型医疗暴力和非"医闹"型医疗暴力。"医闹"型医疗暴力是指在医患冲突中,患方或者受雇于患方的第三方通过纠集多人扰乱正常医疗秩序,采用各种不配合的方式,如围堵医院大门、拉横幅,在医院中设灵堂、烧纸钱,打砸院内财物,逼迫医务人员下跪,围堵、殴打医务人员等行为,以扩大事态为目的,希望造成一定的社会负面影响,以此为筹码胁迫医院妥协赔偿。"医闹"型医疗暴力常表现出涉及人数众多、社会危害力较大等特点,其中还存在着很多"职业性医闹"的影子。

"职业性医闹"是独立于医方和患方的第三方,在医院蹲守并在发现有医患纠纷时,主动上前游说,意图挑拨患方的不满情绪,雇佣他们以患方的名义去医院闹事,并从中牟利[1]。"医闹"型医疗暴力,特别是涉及"职业性医闹"的医疗暴力,属于严重的恶性医疗暴力事件,对医院的正常诊疗秩序造成了重大影响,同时对医务人员的生理和心理都造成了极大的危害。与群体型医疗暴力相类似,有学者研究表明,有职业"医闹"色彩的医疗暴力具有如下特点:一是打乱了组织协调性与约束机制的关联,使得暴力行为更容易被引发;二是有职业"医闹"色彩的医疗暴力可能使一般医疗暴力防控措施失效,政府在处理时趋向谨慎;三是事态被恶意扩大,参与主体扩大,造成广泛的社会冲突[2]。此外,"医闹型医疗暴力"也存在着殴打医务工作者致伤残、死亡等结果的情形。

---

① 张慕歆:《"医闹"的法理分析及法治应对》,中国社会科学院研究生院硕士论文,2017年。
② 冯磊:《冲突与治理——中国医疗暴力的现实图景与治理策略研究》,科学出版社2017年版,第37页。

"医闹"型医疗暴力的典型案例,如 2017 年 11 月在河南省新乡市某医院,患者因患癌症在"穿刺病检"中突发心脏骤停后经抢救无效死亡,11 月 7 日至 10 日上午连续 4 天时间,患者家属纠集数十人,在医院门诊楼摆花圈拉横幅,堵塞医院大门并散发传单,严重扰乱了正常的医疗秩序;至 10 日上午 11 时许,该事件在新乡市公安局 300 余名警力的控制下才平息。

非"医闹"型医疗暴力实施主体多与患者有密切联系,为患者或患者家属一两人,以直接攻击医务人员或者毁坏医院财物为目的。相比"医闹"型医疗暴力,非"医闹"型医疗暴力可能对正常医疗秩序的影响较小,但这并不等同于非"医闹"型医疗暴力的社会危害和社会影响力比"医闹"型医疗暴力小。如"3·23 哈医大杀医案""10·25 温岭袭医事件"等广为社会传播讨论的医疗暴力都属于非"医闹"型医疗暴力,而后果之严重、社会影响之恶劣却不言而喻。非"医闹"型医疗暴力也较"医闹"型医疗暴力更难预防,"医闹"型医疗暴力一般"声势浩大",容易引人发现,政府公权力部门及时介入能有效制止该类医疗暴力事件的进一步扩大。而非"医闹"型医疗暴力一般隐蔽性比较强,损害后果的发生也具有即时性,常造成医务人员人身权或生命权受到侵害,政府公权力很难及时介入制止暴力结果的发生。

从心理学上看,"医闹"型医疗暴力可划归为工具性攻击,而非"医闹"型医疗暴力可划归为表达性攻击。表达性攻击或敌意性攻击是对愤怒诱导条件的反应,目的是让受害人遭受痛苦。绝大多数非"医闹"医疗暴力属于这一类型。工具性攻击源于竞争或欲从他人那里获得其拥有的财物或身份,"医闹"型医疗暴力的目的并非伤人,而是敛财,显然符合这一特征。

五、激情型医疗暴力和潜伏型医疗暴力

以实施医疗暴力的时间进程为标准,医疗暴力可以划分为激情型医疗暴力和潜伏型医疗暴力。

激情型医疗暴力指的是当存在医患纠纷时,患方由于一时的情绪激动而突然实施的医疗暴力。该类医疗暴力从暴力诱因导致情感爆发到实施暴力行为宣泄情感的时间一般很短。如果对激情型医疗暴力予以进一步区分,其应当包

括精神正常的激情型医疗暴力和精神失常的激情型医疗暴力。精神正常的激情型医疗暴力的主要诱因是患方实际需求与医疗服务提供存在落差,在医疗服务达不到患方要求,如医疗行为出现造成患者死亡或并未减轻患者自身疼痛等结果时,患方容易对医方产生猜忌,情绪激动,进而实施医疗暴力行为。精神失常的激情型医疗暴力则主要源于患方行为能力障碍或存在醉酒等原因的自由行为,一旦医方不能满足患方的要求,患方便会实施暴力行为。根据学者调查发现,在精神病医院医疗暴力占前三位的是精神病人肇事、患方要求未能得到满足、患者对治疗结果不满意,而同期调查的一所综合医院,医疗暴力类型占前位的分别是患方要求未能得到满足、患者对治疗结果不满意和患方认为诊疗费用太高①。典型案例如 2017 年 1 月 17 日在南京某医院,患方 6 名男子陪伴另一名男子在均醉酒的状态下前来就诊,在医院表示没有空床位但可先行处理伤口时,患者同伴误以为医生见死不救,发生争执并使用肢体、水杯等对医生实施了殴打行为,造成两名急救男医生轻微伤。

潜伏型医疗暴力指的是由患方蓄意谋划的医疗暴力。该类医疗暴力一般是在诱因发生后,患方经过一定时间谋划之后才实施暴力行为,从诱因到暴力行为间隔时间有些较短,仅有数小时、数天;也有的间隔时间较长,甚至达到数年、数十年。如 2016 年 5 月 5 日在广东省人民医院,一名患者(疑有精神疾病)因 25 年前口腔手术的烤瓷牙变色,多次找当事者陈主任纠缠,后尾随陈主任并用刀砍陈主任 30 余次致其重伤,陈主任经 43 小时抢救后无效死亡。

六、情感宣泄型医疗暴力和索赔策略型医疗暴力

徐昕教授等人在研究了 2000—2006 年 7 年间 100 例医疗暴力案件后认为,依据当事人施暴行为的目的,可将医疗暴力分为情感宣泄型医疗暴力和索赔策略型医疗暴力。

情感宣泄型医疗暴力是指患方在特定情形下情绪失控而导致的医疗暴力,

---

① 陈祖辉、王声湧:《精神病医院与综合医院工作场所暴力比较研究》,《中国公共卫生》2004 年第 11 期,第 40—41 页。

进一步细分可以分为直接的情感宣泄型医疗暴力和渐进的情感宣泄型医疗暴力，是基于报复心理的人身攻击。

索赔策略型医疗暴力是指患方未获得更多的赔偿而将暴力作为一种手段或策略向医方施压的行为，较情感宣泄型医疗暴力，索赔策略型更具有理性色彩，对象往往是整个医院。

第三节　医疗暴力的发展趋势

一、医疗暴力发生率逐年增长

国内调查研究表明，医疗暴力的发生率总体呈现出逐年攀升的状态。不仅在我国，包括美国、英国等发达国家在内世界各国的医患关系都不容乐观，医疗暴力时常出现。

目前，我国医疗体制还处于转型时期，优质医疗资源匮乏且配置不匀、患者权利意识的觉醒与传统医方主导的医疗关系的冲突、患者的医疗需求与医学的落后性的矛盾、医患间相互猜忌缺乏信任、医院公益性与营利性界定模糊等现象仍比较明显。虽然很难从制度上解决医疗暴力的问题，但目前我国正积极出台相应的法律法规规范医疗暴力，不断探究医疗体制改革，推动分级诊疗、双向转诊、家庭医生等改革探索，此外还包括第三方调解的完善、医疗界对医疗暴力的正视、相关防范指南的制定等。以上措施的实施都从一定层面上防范、控制了医疗暴力现象的进一步恶化。因此，在可预见的一段时间内，虽然我国医患关系仍将处于一种紧张的状态，但医疗暴力的增长将得到遏制，乃至出现降低的趋势，但可能不会出现大幅降低的情况。

二、医疗暴力的社会关注度显著增加

社会大众对医疗暴力的关注度提升。随着微博、微信等新媒体的兴起，相

较于纸质媒体、广播电视等传统媒体,新媒体具有数字化、融合性、互动性、网络化等特点①。新媒体的这些特点导致当医疗暴力发生时,当事人(医院)、围观者等知情人可以迅速在网上发布关于医疗暴力的新闻,一些知名的医生、记者也对医疗暴力保持着高度的关注和积极介入态度,社会大众也能及时参与对事件的评论。特别是对涉及恶性医疗暴力事件,社会关注度普遍较高。可社会的高关注度可能存在双面性,一方面,社会大众的高度关注能督促行政执法机关尽快介入、医患冲突纠纷得到解决、被害当事人获得应有的救济等等;另一方面,媒体可能为博大众眼球存在失实报道,患者或其家属为获得更高赔偿可能有意扩大纠纷的社会影响,社会大众的舆论可能被恶意引导,恶性医疗暴力的不及时处理可能导致"破窗效应",等等。

公权力机关对医疗暴力的重视程度也在不断提高。从立法角度,国家和地方相关法律都指出恶性医疗暴力是违法犯罪行为;从执法角度,相关部门联合发布《关于严厉打击涉医违法犯罪专项行动方案》;从司法角度,最高人民检察院将暴力伤医案件一律列为重大敏感案件,最高人民法院表示要从严惩处暴力伤医案件。

三、对医疗暴力的容忍度降低

近年来,医院面对医疗暴力特别是以"医闹"为代表的恶性医疗暴力的态度已经发生了转变。起初,在发生患者死亡等后果时,面对患者家属的索赔、哭闹与纠缠,即使医方不存在过错,医院通常也会给予一定的"人道主义赔偿",希望安抚患者家属的心情,但这也渐渐形成了一种"人死医院就得赔"的不良社会风气。"大闹大赔,小闹小赔,不闹不赔"甚至成了医院的普遍观念,向医院索赔的"潜规则"给了职业"医闹"牟利空间,"人道主义赔偿"由医方对患方的同情转变成无奈的自保之举。有的医疗机构面对医疗暴力事件,采取的是息事宁人的逃避、消极态度。有数据显示,2006年上半年,广东发生的200起医疗暴力事件

---

① 彭兰:《"新媒体"概念界定的三条线索》,《新闻与传播研究》2016年第23卷第3期,第120—125页。

中,有95%的患方试图通过扰乱医疗秩序达到赔偿目的,最终有129件私了成功[1]。对于医护人员的合法权益,有些医疗机构也没有给予足够的保护:在暴力发生前,要求医护人员"骂不还口、打不还手";在暴力发生后,只要不是有伤残或死亡等重大后果的,院方不积极追究施暴者的法律责任,反而用"委屈奖"奖励那些被暴力伤害的医护人员[2]。这些都是医疗暴力频发的"助推器"。随着"医闹"愈演愈烈,越来越多的医务工作者的人身财产权利和医院的财产性利益受到了严重侵害,医院的态度也渐渐由原来的"花钱买平安"转变成"对医疗暴力的零容忍"。2014年,湖南省连续发生多起恶性伤医事件,该省原卫计委党组副书记、副主任陈小春建议,对暴力伤医行为要"零容忍"。医务工作者在面对"医闹"或者生命权和身体权受到严重威胁时,要勇于说"不",对医疗暴力持"零容忍"的态度,展开集体维权宣传,通过法律保障自身合法权益。

此外,事后治理态度也发生了转变。以2013年10月国家卫生计生委办公厅和公安部办公厅联合发布的《关于加强医院安全防范系统建设的指导意见》为例,该指导意见强调要指导医院逐步建立人防、物防、技防相结合的三方系统[3],更多体现了一种事前预防的态度。人防要求完善保安人员的培训和工作职责,物防要求配备防护器材、设施,技防要求采用警报系统、监控系统等技术性防范措施。

四、医疗暴力行为具有趋同趋势

随着医疗暴力数量的不断增多,以发生时间为线索进行纵向对比,医疗暴力行为的表现形式也越来越趋向于一个固定的模式。从医疗暴力发生的地域和医院等级看,医疗暴力始终集中发生在经济较发达的广东、江苏、四川、浙江和北京等地,三级医院发生的比例也高于其他等级医院。从医疗暴

[1]　刘俊、刘悠翔:《中国医疗暴力史》,《南方周末》,2013年11月7日,第A1版。
[2]　王璠、杨小明、江启成:《医疗暴力的危害、原因及对策》,《医学与哲学》2005年第26卷第11A期,第16—18页。
[3]　陈绍辉、方星:《我国医疗暴力治理机制初探》,《医学与法学》2017年第9卷第2期,第33—37页。

力发生的科室看,门诊、急诊一直是医疗暴力的主要发生场所,这可能与门诊、急诊大厅空间大、人多,容易造成一定影响力,从而向医院施压,或者门诊、急诊病人相对于住院部病人病情更加模糊急迫、未与医方形成长期的互信关系等有关。此外,医疗暴力还具有暴力诱因多为患者期待值过高,施暴人多为男性、青年、家属等特征。

(赵敏、姜锴明)

第三章　医疗暴力发生的原因分析

第一节　医疗暴力发生原因的研究概述

从实践看，医疗暴力的产生原因众多，且众多因素相互作用、彼此关联，很难厘清其中的根源。也有很多学者对该问题进行了广泛探讨，并提出诸多独到见解，但分歧仍然较大。徐昕教授认为，医疗暴力的产生根源是信任的缺失，医患双方的互不信任，患者对现有解决机制的不信任，使得患者诉诸暴力表达和谋求自身诉求[①]。也有学者认为，医患交涉过程中的暴力化倾向根源是目前公力救济失守、弱化或者无效，这必然迫使私力（自力）救济发达[②]。冯磊博士将社会学中的"相对剥夺"理论作为分析医疗暴力行为的理论框架，并从利益相对剥夺感、期待相对剥夺感和救济相对剥夺感等多重视角深入探讨了医疗暴力的产生根源[③]。还有学者从更加宽泛的角度探讨了医疗暴力的体制根源，如我国卫生资源投入的绝对不足与相对分配不平衡导致公立医院"不公益"，许多公立医院过度市场化，导致医院公益性严重削弱[④]。田丰认为，除了"不公益"和政府总体投入不足，加上医疗资源分布不均等因素外，药品监管力度不足、医疗保障制

---

①　徐昕、卢荣荣：《暴力与不信任——转型中国的医疗暴力研究：2000—2006》，《法制与社会法制》2008 年第 1 期，第 82—101 页。

②　何铁强：《警惕医患纠纷交涉中暴力化倾向》，《中国医学论坛报》2004 年 12 月 9 日，第 28 版。

③　冯磊：《冲突与治理——中国医疗暴力的现实图景与治理策略研究》，科学出版社2017 年版，第 57—81 页。

④　董纯朴：《中国暴力涉医违法犯罪防控研究——以维护公共就医秩序、构建和谐科学的医患关系为角度》，《甘肃警察职业学院学报》2017 年第 2 期，第 60—65 页、第 30 页。

度不健全、医生工资严重偏低也是医疗暴力的体制机制因素①。同时,也有不少学者注意到医疗暴力的社会根源,认为医疗暴力事件已不是单纯的医患矛盾,转型期复杂的社会矛盾是该类事件频发的主要原因。如我国医疗保障制度的不完善及医疗资源总体供给不足、区域分布不均等造成的"看病难、看病贵"等问题,一旦医患之间发生争议或分歧,患方就易把对上述问题的不满和怨恨转嫁到医护人员身上②。市场主导下医疗体制改革缺少顶层设计和有效监管,使药商腐化医疗队伍有机可乘③。

加上一些媒体的非客观、非科学的报道,导致民众对医方产生误解,使医患之间隔阂加大④。

多数学者认识到,医疗服务与管理中的不足及极少数医务人员的道德问题是诱发医疗暴力的重要因素。具体而言:一是部分医务人员服务态度不佳,缺乏沟通技巧;二是部分医疗机构存在不合理收费或收费不透明等现象⑤;三是极少数医护人员拿药品回扣、收患者红包、对患者怠慢、过度诊疗等自毁形象的行为,使民众对整个医生群体产生怀疑和不信任;四是就诊流程设计不合理,尤其是大医院门诊量大、医护人员有限,患者就诊体验不佳,对医疗机构提供的服务不满;五是缺乏临床经验和医患沟通技巧的医学实习生在医疗机构中承担了过多的工作,这一方面造成医学实习生压力较大,在与患者沟通或相处时带有负面情绪,不利于和谐医患关系的构建,另一方面,患方对年轻的实习生不信任,多名实习生反复检查同一患者的行为也易引起患方的不满⑥。同时,有些医疗

---

① 田丰:《医疗暴力:原因及应对》,《医学与哲学》2014年第35卷第8A期,第90—93页。

② 陈立富、王兰成、苏龙等:《基于网络的伤医事件舆情分析》,《中华医学图书情报杂志》2014年第23卷第1期,第29—33页。

③ 高山奎、刘艳:《从浙江温岭医暴案探窥医患关系紧张之症结》,《医学与哲学》2015年第36卷第11A期,第45—48页。

④ 王璠、杨小明、江启成:《医疗暴力的危害、原因及对策》,《医学与哲学》2005年第26卷第11A期,第16—18页。

⑤ 陈立富、王兰成、苏龙等:《基于网络的伤医事件舆情分析》,《中华医学图书情报杂志》2014年第23卷第1期,第29—33页。

⑥ 赵海艳、刘嘉、王为等:《实习医生遭受医疗暴力情况调查与分析——以某医学院校实习医生调查为例》,《医学与哲学》2015年第36卷第7A期,第57—59页、第95页。

机构对医疗器械的配置十分重视,却忽视了内部管理制度的落实及对医务人员的有效监管,使一些规章制度流于形式,医疗服务水平下降[①]。

医疗纠纷处理机制的不足是造成患方诉诸暴力的重要原因。一方面,部分医疗机构存在投诉机制不健全、纠纷预防和风险机制欠缺、纠纷发生后处理机制不完善等问题,往往是待纠纷发酵升级后才开始重视,使纠纷和矛盾化解失去了最佳时机;部分医院发生医疗暴力事件后,不积极面对、不保护医务人员的合法权益、不追究施暴者的相关法律责任,反而与施暴者私了,以赔偿或补偿患方的方式结束纠纷,在无形中助长了"医闹"者的气势[②]。另一方面,尽管医疗纠纷的法定解决方式有协调、行政调解和诉讼等多种方式,但在现实中,上述方式由于自身存在的不足经常遭到排斥,已无法满足有效解决医疗纠纷的需要。患者不愿意通过合法途径解决纠纷,而是更多地选择私力救济[③]。同时,因医疗纠纷中患方的弱势形象以及医疗纠纷的复杂性和专业性,公安机关在执法中不敢及时有效地处理和制止纷争,在客观上助长了医疗暴力行为[④]。

也有学者认为,患者诉诸暴力解决纠纷有其自身的原因,不少患者对医疗风险缺乏正确、理性的认识,缺乏医学知识,对医疗的期望值过高,当诊疗结果与预期不符时,就易对医方产生误会进而发生纠纷[⑤];同时,合理理性维权渠道的不畅以及维权的艰辛,使患方失去信心,转而用极端方式报复医护人员[⑥]。此外,也有部分患者及其家属素质尚待提高,在就医过程中有无理取闹的行为[⑦]。上述总结基本上反映了当前研究中有关医疗暴力产生原因的基本观点,具有一定的参考价值。

---

① 田丰:《医疗暴力:原因及应对》,《医学与哲学》2014 年第 35 卷第 8A 期,第 90—93 页。

② 王璠、杨小明、江启成:《医疗暴力的危害、原因及对策》,《医学与哲学》2005 年第 26 卷第 11 期,第 16—18 页。

③ 徐昕、卢荣荣:《暴力与不信任——转型中国的医疗暴力研究:2000—2006》,《法制与社会法制》2008 年第 1 期,第 82—101 页。

④ 田丰:《医疗暴力:原因及应对》,《医学与哲学》2014 年第 8A 期,第 90—93 页。

⑤ 张斌:《对医院工作场所暴力事件的思考》,《医学与哲学》2006 年第 3 期,第 21—24 页。

⑥ 陈立富、王兰成、苏龙等:《基于网络的伤医事件舆情分析》,《中华医学图书情报杂志》2014 年第 23 卷第 1 期,第 29—33 页。

⑦ 赵海艳、刘嘉、王为等:《实习医生遭受医疗暴力情况调查与分析——以某医学院校实习医生调查为例》,《医学与哲学》2015 年第 36 期第 7A 期,第 57—59 页、第 95 页。

然而,现有研究仍存在一定的不足:(1)将医疗暴力的诱因等同于原因。原因是造成某种结果或者引发某种事情的条件。医疗暴力的产生原因是指在发生医疗纠纷或争议时,何种因素促使患方诉诸暴力,因素(原因)与结果之间存在直接的因果关系。而诱因是指诱发和促进原因作用的因素,诱因与结果之间仅仅是间接因果关系,实际上是原因的原因。因此,学者提出的体制机制不完善、医院管理水平低、法制不健全等,只能算是医疗暴力产生的诱因,或者是导致医患纠纷的原因,并非是导致医疗暴力的直接原因。(2)观点模糊,缺乏解释力。不少观点过于宽泛,缺乏足够的解释力,如将医疗暴力的产生原因归结于贫富分化、医疗资源分配不均等,这些观点似是而非,事实上几乎所有社会问题都可以归结于此。(3)观点一概而论,缺乏针对性。医疗暴力的类型众多,其产生原因也不尽相同。如,根据暴力行为所侵害的客体,医疗暴力大致可分为人身伤害和秩序扰乱两类主要行为,前者的原因主要出于报复、泄愤,后者则主要将暴力作为索赔的策略或手段,其根源是现行纠纷解决机制的缺陷使得患方不愿意通过正式途径解决纠纷。而现有研究很明显没有根据不同类型的暴力行为揭示其原因,往往一概而论,其观点自然缺乏针对性和解释力。

第二节　医疗暴力发生的诱因分析

一、医疗暴力的实践诱因

从实践看,诱发医疗暴力的因素众多。为此,笔者检索了中国法律裁判文书网,收集与医疗暴力有关的裁判文书共计169件。通过对这些法律文书的研读分析,总结出诱发医疗暴力的主要因素,具体如下。

(一)患者死亡

患者在治疗过程中因抢救无效死亡或意外死亡是导致医疗暴力发生最为重要的诱因。在笔者所收集的169份刑事判决书中,因患者死亡而引发的医疗暴力事件共有 68 起,所占比例为 40.2%。在患者死亡后,家属往往悲痛欲绝、情绪激动,难以控制自身情绪和保持理智,特别是在群体行为的感染下,容易采取极端行为或以暴力方式发泄自身的情绪和不满。例如,在井某故意伤害案中,被告人井某因妻子分娩后死亡,遂伙同他人手持铁管来到河北省曲阳县仁济医院妇产科内,用铁管将妇产科护理站的打印机、血压仪、呼叫器显示屏、窗玻璃等物品砸坏。后又来到妇产科医办公室内殴打妇产科护士长南某,医院副院长韩某乙劝阻时被井某等人打伤①。在叶某案中,被告人叶某甲、叶某乙等人在其母亲抢救无效死亡后,认为医院救治不力,从而殴打主治医师田某,并要求医生给死者下跪。在卫生院院长甘某否认责任时,被告人及其他家属情绪激动,纷纷对甘某辱骂、拉扯和围殴,并对医院输液大厅、值班室等处进行打砸②。同样,在刘某某案中,被告人刘某某的父亲刘某因食管癌(晚期)医治无效死亡,家属认为刘某的死亡是医院治疗不及时所致。刘某某十分愤怒,拿起护士站的一个花盆砸向护士站桌台上的微波炉,把花盆摔碎了,紧接着他又搬起微波炉砸在地上,然后他又拿起楼道里的一个垃圾筐朝护士站里的人砸,但是没有砸到。随后被告人刘某某伙同他人将医院的大门用灵车、花圈、白布条、三轮车堵住,并播放哀乐,燃放鞭炮,阻止医院的医务人员、看病的群众、给医院送药品和器材的车辆进出,并将放有刘某尸体的恒温棺放置于病房内,在病房内烧纸、吊唁③。

(二)不满治疗效果或措施

不满治疗效果或措施也是诱发医疗暴力的重要原因。如郭某某不满护士马某某给其子的埋针位置,使用拳脚殴打马某某,致使马某某左眼受伤④。在郝某案中,被告人郝某因护士对其妻输液穿刺时出现鼓包现象心生不满,遂朝受害人左脸打了一巴掌,朝其头顶打了一拳,又朝受害人腹部打了一拳⑤。在郎某案中,郎某因粉碎性骨折到医院治疗而效果不佳,认为医院采取固定保守治疗而使其错过最佳手术治

---

① 河北省曲阳县人民法院刑事判决书,(2013)曲刑初字第 90 号。
② 蕲春县人民法院刑事判决书,(2014)鄂蕲春刑初字第 00077 号。
③ 河北省磁县人民法院刑事附带民事判决书,(2012)磁刑初字第 116 号。
④ 锦州市古塔区人民法院刑事判决书,(2017)辽 0702 刑初 33 号。
⑤ 陕西省汉中市汉台区人民法院判决书,(2011)汉刑初字第 00103 号。

疗时机,从而导致其左腿残疾,继而对主治医生杨某某产生不满,为报复而用剪刀将杨某某刺伤①。在雷某案中,被告人雷某因做牙齿封闭治疗而发生并发症,在调解过程中,因协商未果,雷某某将办公桌上的电脑等物掀倒。接着,又冲到该医院口腔科和五官科,将1台裂隙灯显微镜和1台曲光仪掀倒在地致其损坏②。

(三)不满医疗收费

实践中,医疗费用是导致医患纠纷的重要因素,也可能是引发患方暴力的因素之一。如,李某案中,被告人李某因住院费问题与该院护士长田某理论并发生拉扯、在拉扯过程中,李某使田某右第四掌骨完全性骨折③。在陈某案中,被告人因伤到王某卫生室治疗,共花费225元,被告人认为收费过高,遂邀请曾某某一起来到王某的卫生室,并与王某对医药费是否收高发生争执,陈某砸坏了桌上的玻璃,并持订书机、算盘等殴打、威胁王某,曾某某亦进行语言威胁,王某被迫退还医药费220元,另拿了100元给陈某、曾某某,两人才离开卫生室④。

(四)不满服务态度

不满服务态度也是导致医疗暴力的诱因之一。笔者收集了3起相关案例,都是患者或其家属对医生的态度不满或因双方沟通不到位导致冲突,患方将医生打伤或刺伤,从而构成故意伤害罪。如李某甲案,被告人李某甲因对医院工作人员服务效率及服务态度不满,在急诊内科抢救室内与护士长刘某乙发生言语争执,后李某甲上前用胳膊将刘某乙脖子夹住并下压,致使刘某乙受伤⑤。孙某案中,孙某陪同其父亲看病,医生以去门诊看病为由没有及时给其父亲看病,并说孙某父亲这个情况短期内不会有事。孙某听后很气愤,朝医生脸上吐了一口痰,双方遂发生冲突,并互有殴打⑥。

① 科尔沁左翼后旗人民法院刑事判决书,(2014)后刑初字第72号。
② 荆州市沙市区人民法院刑事判决书,(2015)鄂沙市刑初字第00115号。
③ 湖南省长沙市望城区人民法院判决书,(2017)湘0112刑初43号。
④ 重庆市第三中级人民法院刑事判决书,(2011)渝三中法刑终字第28号。
⑤ 安徽省亳州市谯城区人民法院判决书,(2015)谯刑初字第00435号。
⑥ 皋市人民法院刑事判决书,(2016)苏0682刑初306号。

(五)患者无理滋事

患者无理滋事也是导致医疗暴力的重要原因,多数是由于患者患有精神疾病或酗酒、吸毒等导致其神志不清或丧失理智,导致其无故到医院闹事或将医务人员打伤甚至杀害。在笔者收集的 14 起故意杀人案中,有 5 起被法院认定被告人患有精神疾病,系限制刑事责任能力人;各有 1 起为酒后和吸毒实施杀人行为。例如,被告人王某某认为政府不给钱看病,并认为护士要害他,遂用打火机将所在的 11 楼重症监护室内枕头及隔帘点燃致使室内消防喷淋自动打开导致整个 11 楼进水[①]。尽管该案中,法院并未认定被告人患有精神疾病,但是从相关证据及其本人供述看,被告人明显欠缺正常人的理智。

在郭某案中,郭某被派出所以流浪乞讨人员身份送到医院治疗后,就占据抢救室不走,在里面抽烟、喝酒、做饭,并召集其他人留宿、做饭、恐吓当班大夫护士,造成医院急诊无法正常工作,大夫、护士请假不敢上班[②]。丘某案中,被告人丘某酒后因与家人闹矛盾心情不好,无故到广东省陆河县人民医院外三科(骨科)室进行打砸,并将前来劝阻的医生打伤。

(六)其他因素

此外,有的医疗暴力系其他原因所致。一般是因医疗纠纷导致,判决书未明确指出具体诱因。也有部分是患者或家属与医护人员发生争执,从而引发暴力行为。如赵某案中,因赵某想让其妻子提前接受检查,遂与导诊护士孙某发生争吵,后被告人赵某用右手推孙某脖颈处,致孙某倒地,孙某颈部受伤,经丹东江城法医司法鉴定中心鉴定,孙某颈部外伤,致颈间盘突出(C5-6),属轻伤二级[③]。马某案中,被告人马某为其母亲办理出院时,与医院急诊中心 120 司机杨某和护士卢某发生争执,为报复二人,将两人砍杀[④]。

综上可见,诱发医疗暴力的主要原因仍是医疗行为本身,即患者及其家属

---

① 吉林省双辽市人民法院判决书,(2014)双刑初字第 125 号。
② 北京市西城区人民法院刑事判决书,(2014)西刑初字第 987 号。
③ 辽宁省丹东市振安区人民法院判决书,(2015)振安刑初字第 00125 号。
④ 山东省宁津县人民法院刑事判决书,(2017)鲁 1422 刑初 55 号。

对治疗效果不满，难以接受，或认为医院抢救不力，或认为医院治疗不当等，导致医疗暴力和冲突的出现①。仅仅因为收费问题或不满医生态度或沟通问题而引发的暴力所占比重很小。因此，有的学者将医疗暴力归结为医疗资源供给不足、分配不均、看病难、看病贵，以及医疗工作者服务态度冷漠、医疗机构收费不合理等，可能并不具有说服力，至少这不是一个普遍的或主要的因素。尽管这些因素可能会引起患者及其家属对医疗服务的不满，但不至于直接促使患方诉诸暴力，而且少数案件确实折射出医疗收费、医疗服务态度和医患沟通存在不足，但由于服务态度和沟通所导致的医患纠纷或冲突本身并不具有严重性，那么患方为何仍然要诉诸暴力呢？这恐怕是更值得我们深思的问题。

二、医疗暴力侵害客体与诱因分析

不少学者对医疗暴力进行了类型化分析，做出了具有启发意义的探索。依据当事人实施暴力行为之目的，徐昕教授将医疗暴力分为情感宣泄型和索赔策略型两类②。冯磊博士则将医疗暴力分为情感型暴力和工具型暴力、积蓄型医疗暴力和偶发型医疗暴力、个体型医疗暴力和群体型医疗暴力，其视角更为多元化③。

如前所述，不同类型的医疗暴力，其产生原因也不尽相同。因此，医疗暴力原因的分析应立足于对医疗暴力行为的类型化划分，鉴于本书第二章已对医疗暴力类型做了详尽分析，这里仅就侵害客体进行分析。根据暴力行为所侵害的客体，结合笔者所搜集的 169 起案例，笔者将医疗暴力分为人身伤害医疗暴力和秩序扰乱医疗暴力，前者是采取暴力手段导致医务人员受到人身伤害的暴力行为，其侵害的客体是人身权利，系故意伤害或故意杀人行为；后者是采取暴力

---

① 尽管患者死亡是诱发医疗暴力最为重要的因素，但其根源主要还是家属认为医院抢救不及时、治疗不当等，从而难以接受治疗结果，由此导致家属对医务人员暴力相向，或者在"讨说法"或索赔过程中诉诸暴力。

② 徐昕、卢荣荣：《暴力与不信任——转型中国的医疗暴力研究：2000—2006》，《法制与社会法制》2008 年第 1 期，第 82－101 页。

③ 冯磊：《冲突与治理——中国医疗暴力的现实图景与治理策略研究》，科学出版社 2017 年版，第 31－35 页。

手段扰乱医疗秩序的暴力行为,其侵害的客体是公共秩序或公共安全,系扰乱社会秩序、公共场所秩序行为。当然,这一分类具有相对性,实践中部分秩序扰乱型医疗暴力也可能采取人身暴力,如推搡、辱骂、威胁、殴打医务人员,但往往会同时采取其他扰乱秩序的行为,且前者往往是构成"闹"或扰乱医疗秩序的手段之一。

从案例来看,人身伤害医疗暴力和秩序扰乱医疗暴力呈现出不同特点:(1)施暴目的不同。人身伤害医疗暴力主要出于报复、泄愤等目的,对医务人员采取殴打、伤害、杀害等行为,从而严重侵害医务人员的生命健康权。秩序扰乱医疗暴力尽管也可能具有报复、泄愤之目的,但其终极目的往往是通过暴力手段达到获取赔偿的目的。(2)施暴主体不同。首先,就施暴者精神状态而言,人身伤害医疗暴力中,施暴者为精神病人的比例达 12.9%,而秩序扰乱型仅占1.2%。其次,就施暴者人数而言,人身伤害医疗暴力行为施暴者人数以 1 人为主,所占比例达 75.8%,而秩序扰乱医疗暴力行为施暴者为 1 人的仅占18.3%,其他均是多人,其中 10 人以上共同实施暴力行为的达 46.3%。同时,人身伤害型暴力行为中,患者本人施暴的比例明显更高,而秩序扰乱暴力行为中,以患者家属施暴为主,患者本人参与施暴的比例较低,仅占 15.9%,其重要原因是在 68.3%的秩序扰乱型案件中,患者本人因治疗无效死亡或在治疗过程中意外死亡,家属往往为了向医院"讨说法"或在索赔过程中采取聚众闹事、扰乱秩序的行为,而在人身伤害案件中,患者死亡所占比例仅有 12.9%,不少案件中往往是患者本人因医疗纠纷而对医务人员暴力相向。(3)施暴方式不同。人身伤害医疗暴力案件中,施暴者主要采取以殴打、杀害为主的方式,而秩序扰乱医疗暴力案件中,50%的案件施暴者采取了打砸医院、聚众闹事的方式,41.5%的案件采取多种施暴方式,其中也包括对医务人员进行辱骂、推搡、殴打等。(4)施暴者的主观心态不同。在人身伤害医疗暴力案件中,58.1%的施暴者事先没有预谋,多数施暴者是在一时冲动或情绪失控下实施人身伤害行为;而秩序扰乱医疗暴力案件中,72.0%案件施暴者有预谋,往往在事先的商量、组织、策划,并进行周密实施,只有 28.0%的施暴者是在冲动或情绪失控下实施暴力行为的。

第三节　医疗暴力的根源分析

在发生医疗纠纷或医患冲突后,患者及其家属面临不同的选择:首先,可以选择容忍。在交涉无效或交涉无望后,基于多方面的考虑,如自认倒霉、怕麻烦,选择放弃进一步行动,双方争议就此终结。其次,诉诸正式的纠纷解决方式,如向法院起诉,申请行政调解或人民调解等,其目的既可能是向医院"讨一个说法",更多是要求医院承担赔偿责任。最后,采取私力救济。在这种情况下,患者及其家属既不认可医疗机构的"解释"或"解决方案",也不接受正式的制度安排,如向法院起诉、接受调解、申请鉴定或尸检等,而是以非正式的方式主张"权利",包括诉诸暴力。

在社会转型时期,医疗纠纷尚属于正常的社会矛盾与冲突,在合理的制度安排下,医疗纠纷的解决应是朝向法律框架下的合法解决,而非诉诸暴力。然而,实践中"医闹"、伤医、杀医事件时有发生,甚至"医闹"和暴力成为医疗纠纷解决过程中的"首选"方式,乃至一段时间以来愈演愈烈。在不少暴力事件中,患方并不见得遭受严重的侵害,如收费、沟通、排队、服务态度问题等引发的暴力,完全没有理由需要诉诸暴力,而这种情况却在医疗实践中时有发生。即便是患者遭受人身损害,甚至面临"人财两空"之时,我们似乎也很难理解为何有的患者会纯粹出于报复或泄愤之目的伤害或杀害医务人员。同样,在医疗纠纷发生后,无论是否已经诉诸正式的纠纷解决方式,为达成赔偿目的,采取暴力"维权"方式似乎成为不少患方的策略和手段。那么,是什么原因促使患方采取暴力? 在发生纠纷或不满后,患者为何不采取理性手段表达自身诉求,或采取法律手段解决纠纷,反而诉诸暴力?

笔者根据不同侵害客体对所收集的案例进行分析后发现,人身伤害医疗暴力主要是出于报复或泄愤之目的,且暴力行为一般没有发生在医疗纠纷解决过程中。换言之,当事人并非出于解决纠纷之目的诉诸暴力①。就引发暴力的诱因而言,除了不满治疗效果或损害后果外,不满服务态度、医疗收费,乃至就医过程中诸如排队、候诊时间过长及沟通不畅等琐事,都可能引发患方的暴力。换言之,不论是严重或轻微的损害后果,还是患方个人的心理感受,都可能招致患方的愤怒和暴力行为。就此而言,暴力行为似乎是特定群体的行为模式,更多受到文化和传统的影响。一方面,暴力是一个普遍的社会问题,并非医疗领域所独有,医疗暴力仅仅是社会暴力在医疗领域中的折射;另一方面,医疗领域的暴力问题如此突出,表明医疗领域确实存在某些触发暴力行为特殊因素。

秩序扰乱暴力往往将暴力作为纠纷解决的策略或手段,其目的在于通过暴力或其他手段对医疗机构或相关政府部门施加压力,从而达成索赔的目标,因而多数发生在医疗纠纷解决过程中②。因此,在这类暴力事件中,暴力本身具有工具性,其本质是现有纠纷解决方式的替代方式。换言之,诉诸暴力主要源自患方对现有纠纷解决方式的不信任,以及对暴力等私力救济方式的"信任"。其根源一方面在于现有纠纷解决方式在解决医疗纠纷中存在不足或成本较高,使患方退而求其次;另一方面,暴力方式解决纠纷所带来的便利性和可预期性使患方对此种纠纷解决方式更为"迷信"和"偏好"。

本节将沿着上述思路,对医疗暴力深层次的文化根源和心理动因进行分析,这一分析将与对医疗暴力发生诱因的分析有所不同,笔者力图解释的是,诱因之所以能够迅速发挥作用的内在原因,针对这些原因的措施,在防控暴力的具体举措中可能难以见到,但却属于消弭医疗暴力必须思考的因素,即"标本兼治"中的"本"。

一、作为传统与文化的暴力

尽管暴力为我国主流文化所排斥或压制,但很难否认其在我国民众观念中根深蒂固、源远流长,甚至形成了一种暴力传统或文化。在暴力文化中,个体倾

---

① 笔者收集的 61 起此类案件中,只有 6 起发生在医疗纠纷解决过程中,4 起发生在纠纷正式解决之后,47 起案件都与医疗纠纷的解决无关。

② 当然也有部分秩序扰乱型医疗暴力,患方纯粹是出于泄愤之目的。

向于以暴力方式处理和解决日常生活中的矛盾和冲突,即便是面对轻微的冲突或摩擦,也可能怒不可遏、暴力相加。这种情况在现实生活中比比皆是,如司机中的"路怒族"、日常生活中的打架斗殴、宗族间的械斗、行政执法中的暴力抗法、警察执法中的袭警行为等。2018年春节期间发生的"为母报仇"的张某某杀人案,张某某辩护人主张"复仇有着深刻的人性和社会基础",因此基于复仇的暴力犯罪可以相应减轻处罚,即是在暴力传统或文化语境下所做出的辩护。

因而,在医患纠纷中,患方采取暴力行为也就不足为奇了,这不过是社会暴力在医疗领域中的延伸和展现。在"暴力崇拜"观念的支配下,医患之间一旦发生纠纷或摩擦,患方偏向以暴力方式解决问题,且往往不顾及法律后果。在医疗暴力案件中,两类情形最具有代表性:(1)宣泄型医疗暴力。此类医疗暴力一般具有突发性、非预谋性,当发生医疗损害或患方不满治疗效果、措施,乃至治疗过程中诸如沟通、排队等琐事时,患方为宣泄自身的不满或愤怒,对医务人员实施暴力。如,李某案中,被告人李某与被害人张某因医患纠纷一事发生激烈争吵,后李某随手拿起诊所内的医用止血钳向张某的腹部捅了两下,并将张某的胳膊、手掌划伤①。在章某一案中,章某在某医院药房取药时,与医院护士孙某因排队取药问题发生争吵、扭打。其间,章某用拳头殴打被害人孙某胸部,致其胸骨中段骨折②。(2)报复型医疗暴力。此类医疗暴力通常包含人们的委屈、屈辱、愤恨以及对报复性目的的追求,故又可称为怨恨性暴力。怨恨性暴力通常不是在纠纷发生时就立即爆发,而是存在一个潜伏、酝酿的过程。潜在的纠纷向现实中的暴力犯罪转化往往与纠纷当事人积蓄的怨恨情绪密切相关③。同时,在这类暴力事件中,患方一般都没想过通过合法方式解决纠纷,其目的往往是通过暴力手段达到报复的目的,根本就不顾及法律后果。如,黎某案中,黎某自称因被莞华医院抽血后身体不舒服产生报复该医院医生的念头,随后携菜刀到医院趁受害人不备,取出随身携带的菜刀将李某脸部、头部、手部砍伤④。笔

① 敦化市人民法院刑事判决书,(2014)敦刑初字第308号。
② 杭州市富阳区人民法院判决书,(2016)浙0111刑初618号。
③ 郭星华等:《社会转型中的纠纷解决》,中国人民大学出版社2013年版,第200-201页。
④ 东莞市中级人民法院刑事裁定书,(2016)粤19刑终449号。

者所收集的 13 起构成故意杀人罪的杀医案件都属于报复型暴力行为,其中包括最高人民法院核准死刑的连某某故意杀人案、王某某故意杀人案等。

当然,将医疗暴力归结为暴力文化似乎不足以解释为何医疗领域暴力行为的发生频率和严重程度远高于其他社会领域,尤其是与之类似的人身侵权领域,如交通事故、工伤损害等。就损害的发生频率和严重程度而言,交通事故可能远比医疗事故更为突出,然而,受害者及其家属似乎很少诉诸暴力,包括采取暴力方式解决纠纷或达到报复、泄愤之目的。其根源恐怕在于医疗领域存在某些容易诱发暴力的因素:(1)医疗事故发生时,患者家属一般在场,这为家属施暴创造了条件。而交通事故中一般不具有这样的条件。同时,患方在就医过程中的不良体验、在治疗过程中的不满和在纠纷解决过程中的挫折感等负面情绪从积累到付诸暴力行为,往往存在一个发展过程,这也是交通事故等人身损害中所不具备的。(2)医疗机构及其医务人员诊疗场所的固定和日常化,为患方实施暴力行为提供了时空便利。(3)交通事故的处理存在较为权威、透明和便捷的事故认定和纠纷处理机制,以及相对健全的责任保险制度,能充分保证受害方通过法律途径获得赔偿,而这恰恰是医疗纠纷处理的短板——患方往往对事故鉴定和诉讼缺乏预期和信赖。(4)诊疗过程中,患者及其家属需要承受多重压力,如病痛折磨、经济压力、治疗风险等,患方在遭受求医过程中的种种艰辛和不快后,往往心力憔悴、精神紧张、情绪敏感,外界刺激很容易导致其做出过度反应,包括采取暴力。

二、作为救济方式的暴力

实践中,多数医疗暴力均与纠纷解决有关,患方以暴力方式扰乱医疗秩序、打砸医院、威胁殴打医务人员,其目的在于迫使医方接受其赔偿诉求,从而达到化解纠纷之目的。然而,在现有法律框架内,医疗纠纷的解决方式包括和解、人民调解、卫生行政部门调解、诉讼等多种方式,患方为何仍然采取暴力方式而弃正式纠纷解决方式不用呢? 其中的缘由,一方面在于现有纠纷解决方式存在不足,患方对其缺乏信任和预期;另一方面,暴力方式在解决医疗纠纷方面具有某些实用价值,在实用主义逻辑下,暴力方式不失为更为可行的选择。

(一)为何不选择合法的纠纷解决方式

在发生医疗纠纷后,尽管可选择多种纠纷解决方式,但患方并不一定认可和接受。首先就协商和调解而言,由于医患双方信息不对称、谈判能力悬殊,加之对调解机构中立性和医方在协商中诚意的质疑,患方可能不愿意接受协商和调解。同时,调解机制的运转在很大程度上得仰赖中立、权威的调解机构和细致有效的调解工作,但不少地区缺乏专业的医疗纠纷调解机构,这就造成调解机制实际难以发挥效果。值得注意的是,在医疗纠纷的协商和调解过程中,患方并不排斥采取暴力,实践中不少医疗暴力恰恰发生在协商或调解过程中——患方往往将暴力作为协商和调解的筹码或策略,从而获取谈判过程中的有利地位。

其次,在医疗纠纷解决的过程中,诉讼往往是患方不得已的下策。已有相关研究表明,诉讼方式解决医疗纠纷并非是患者的首选,且使用率相当低。研究显示,东莞市 4 家医院发生医疗纠纷总数 260 例,通过诉讼解决的仅有 20 例,占 7.69%[①]。患方对诉讼的排斥,首先在于诉讼程序复杂、规则烦琐、成本高昂、耗时费力,往往令人望而却步。同时,诉讼的审理周期漫长,对鉴定结论高度依赖,与其说是法院判案,不如说是鉴定专家在断案,而患方对医疗同行鉴定的不信任,加剧了对诉讼的排斥。漫长的诉讼可能导致患方失去耐心,甚至产生私力救济的冲动。

(二)暴力方式解决纠纷的实效性

相比于正式的纠纷解决方式,暴力方式在成本、收益、功能等方面具有更为实用的功能。(1)暴力功能的多样性。在医疗纠纷中,暴力除了能达成赔偿之目的,还能起到宣泄、报复的功能。通过对医务人员的施暴,对医疗场所的打砸和秩序的扰乱,可以达到宣泄情绪、惩罚报复之目的,且直接针对相关责任人,而这是诉讼等正式纠纷解决方式所不具备的。尤其是在民事侵权中,对侵权人

---

① 李大平:《基层医疗机构医疗纠纷现状实证研究——对东莞市 4 家基层医院的调研》,《证据科学》2013 年第 21 卷第 2 期,第 199－214 页。

的惩罚转化为金钱弥补,其惩罚功能实际上已消失殆尽。(2)暴力的自治性和主动性。以暴力解决纠纷无须借助任何第三方力量,以己之力就可发动,比求助国家更能张扬当事人的主体性①。(3)暴力的低成本。采取暴力解决纠纷不像诉讼那样费时费力,且可以灵活控制成本,衡量风险收益,控制行为的边际。(4)暴力的实效性。暴力能够使受害者产生压力、恐惧,从而被迫做出让步或妥协。实践中,医疗机构为了尽快恢复医疗秩序、了结纷争,不得不息事宁人,花钱买平安,而基层的维稳逻辑往往强化了这一解决路径。

另外,患方在社会机构中的地位对其选择有重要影响②。对笔者所收集的169起医疗暴力刑事判决书分析可见,多数施暴者的文化程度较低,高中以下的比例为47%,如果剔除年龄缺失的案件,其所占比例高达95%,专科以上学历的施暴者仅4人。就职业而言,施暴者以农民和无业者为主体,所占比例达51.5%,如果剔除职业缺失的案件,其比例高达85%,其他职业人群所占比重极小。可见,施暴者多属于社会底层,其社会阶层、文化水平、群体观念决定其选择法律维权的能力和动力均有所不足,更倾向于以暴力等方式解决争议。

(陈绍辉)

---

① 徐昕:《论私力救济》,中国政法大学出版社 2005 年版,第 173 页。
② 冯磊:《冲突与治理——中国医疗暴力的现实图景与治理策略研究》,科学出版社2017 年版,第 80 页。

第四章 域外医疗暴力防控的法治路径

第一节 域外医疗暴力现状

一、域外医疗暴力发展趋势

世界卫生组织进行的一项较早的国家案例研究报告显示,一半以上的医疗保健人员在上一年遇到身体或心理暴力事件至少一次。除第二章第一节所述,2013 年,美国佛罗里达州南佛罗里达大学心理学教授保罗·斯派克(Paul Spector)及其同事分析了全球 160 个样本超过 15 万名护士的数据。他们发现,总共三分之一的护士遭受过身体殴打,被欺负或受伤,而大约三分之二的护士经历了言语暴力等冷暴力[①]。

美国医疗机构评鉴联合会于 2010 年公布,自 1995 年起,共约 256 件伤害、强暴或谋杀事件发生于医疗场所之内。

英国国民健康服务 2009 年调查结果显示,有 11% 的医事人员受到病人或其家人肢体暴力。2008—2009 年间,共发生了 56718 件针对医事人员的攻击事件,全国每天约有 150 件针对医事人员的肢体暴力行为发生;2013—2014 年间更是增加到 68683 件[②]。

---

① NELSON R. "Tackling violence against health-care workers". *The Lancet*, 2014, 383(9926):pp. 1373—1374.

② MCGILCHRIST S. *Hospitals to use good design to cut crime*. BBC News health reporter, February 26nd, 2011.

在一项对德国、奥地利与瑞士 100 家医院急诊部门的调查中,35% 的受访医务人员声称在过去的 12 个月中,遭受过 10 次以下的言语或肢体的暴力,14% 的人声称遭受过 11—20 次,9% 的人声称遭受过 21—30 次,15% 的人声称遭受过 30 次以上,只有 27% 的人声称没有遭受过医疗暴力[1]。

日本有一项研究 19 家医院的健康照护者的研究显示,36.4% 的健康照护者于一年内曾遭受病人或其家属职场暴力,29.8% 曾遭受言语暴力,15.9% 曾遭受身体上的攻击,9.9% 曾遭受性骚扰[2]。

巴基斯坦国家对第三级医院共 4 家进行医疗暴力调查,结果显示 266 名医师与护理师中,72.5% 的人提及过去一年内接触过病人言语暴力,16.5% 的人承受过身体攻击之暴力,医师发生概率较护理师低[3]。

在过去十几年中,医疗暴力现象备受全球各国关注,医疗暴力现象已经不是一地一国之现象,而是全球社会普遍存在的恶性现象,严重危害了全球医务人员的身心健康和医疗环境。

二、医疗暴力的发生特征比较

(一)医疗暴力实施地点比较

许多研究都证实,无论是在国内还是国外,在急诊科发生医疗暴力事件的比例较高,如 IAHSS 的一项调查发现,44% 加重伤害与 46% 其他伤害犯行发生在急诊科,相较于医院的其他部门明显偏高;其他常见的发生场所,包含行为健

---

① http://mp. weixin. qq. com/s? src = 3&timestamp = 1522001997&ver = 1&signature = YT4LX1 * iE—0vlEMyc9UwOeJ9wmdVi0LNHYhwsKqextV5lcj0hHj0ioHvzfFpJ7F4XR5IqfPWg4afj SzML85LD5pwfWNWck5NA5lhKnj7HZbKbjG6m4LYjpWa0T9iwJzOyvEPDvslPXsVxtLUO 1QNrN-AFruSlPvQ * udU8mCHOac= 。

② FUJITA S, ITO S, SETO K, et al. "Risk factors of workplace violence at hospitals at hospitals in Japan". *Journal of Hospital Medicine*,2012,7(2):pp. 79—84.

③ ZAFAR W, SIDDIQUI E, EJAZ K, et al. "Health Care Personal and Workplace Violence in the Emergency Departments of a Volatile Metropolis:Results From Karachi, Pakistan". *Journal of Emergency Medicine*, 2013,45(5):pp. 761—772.

康机构、中程照护设施、住院病房。在德国,急诊室是医疗暴力的高发科室,也是近年来暴力事件发生增长最快的部门①。

(二)医疗暴力实施方式比较

在美国,有研究者统计 75％的医生上报称曾遭受言语威胁,21％称曾遭受过生理暴力,5％为院外冲突,2％被跟踪。不同类型的暴力行为也因地区而异。在"盎格鲁"地区身体暴力和性骚扰占最高比例,其中包括澳大利亚、英国、爱尔兰、美国、加拿大、新西兰和苏格兰地区。欺凌事件发生率在欧洲最低,但在中东较高。② 根据中国医院协会的调查研究表明,医务人员遭到谩骂、威胁较为普遍。

(三)医疗暴力实施人员信息比较

在美国,密歇根大学的学者调查研究表明,患者本人实施暴力行为的占89％,患方家属实施暴力的占 8％,患方友人实施的占 2％③。

在我国媒体报道的 290 例医疗暴力中,暴力行为由数名患方家属实施的最多,占 31.7％,其次是患者本人实施暴力行为,占 28.9％,再次是患者的父母(9.4％)、儿女(10.8％)及配偶(6.3％)等近亲属,明确受家属委托的或职业"医闹"占比达 4.8％④。

(四)医疗暴力发生原因比较

日内瓦国际护士理事会(the International Council of Nurses)顾问 Lesley

---

① http://mp. weixin. qq. com/s? src ＝ 3&timestamp ＝ 1522001997&ver ＝ 1&signature ＝ YT4LX1 * iE-0vlEMyc9UwOeJ9wmdVi0LNHYhwsKqextV5lcj0hHj0ioHvzfFpJ7F4XR5IqfPWg4afj SzML85LD5pwfWNWck5NA5lhKnj7HZbKbjG6m4LYjpWa0T9iwJzOyvEPDvslPXsVxtLUO 1QNrN-AFruSlPvQ * udU8mCHOac＝。

② NELSON R. "Tackling violence against health-care workers". *The Lancet*,2014, 383(9926):pp. 1373－1374.

③ PHILLIPS J P. "Workplace Violence against Health Care Workers in the United State". *The New England Journal of Medicine*,2016,374(17):pp. 1661－1669.

④ 赵敏、姜错明、杨灵灵等:《暴力伤医事件大数据研究——基于 2000 年—2015 年媒体报道》,《医学与哲学》2017 年版第 1A 期,第 89－93 页。

Bell 表示,医疗暴力现象可能有其历史根源:身体攻击在历史上被接受是医护人员工作的一部分,这也是为什么医护人员广为社会尊重的历史原因之一。

根据美国联合委员会的分析,美国医疗暴力的根本原因是:沟通失败、对病人观察不足、缺乏或不遵守预防工作场所暴力的政策、缺乏或不充分的行为健康评估以识别患者的攻击倾向。就医疗暴力发生的具体原因,美国有学者调查研究表明,诱发医疗暴力行为最大的三因素分别为复仇(27%)、自杀(21%)和安乐死(14%)[1]。澳大利亚学者认为,从患方角度探究医疗暴力事件发生的原因,其中最常见的是由于患者的心理失常或者精神疾病,约占40%,其他有患者患有阿尔茨海默病约占15%,由医方治疗措施引起约占13%,患者神志不清约占9%,患者酗酒或者药物依赖作用约占6%,从医方角度探究医疗暴力发生的原因,主要包括员工数量不足或配置不当,员工的沟通问题,员工缺乏应对冲突的知识和经验,医疗服务机构缺乏适当的保安或防护计划和设施。[2] 德国医疗暴力常见原因则是漫长的候诊时间、医疗事故证明门槛高、病人对治疗效果不满、袭击者患有精神疾病、外来人口激化矛盾[3]。

印度学者认为,引发医疗暴力现象的主要原因有:(1)医生给予患者虚假保证导致患者对医疗期待值过高;(2)医疗费用过高与患者家庭的经济冲突;(3)医方与患者家属就医疗风险缺乏沟通;(4)医学具有专业性,患方缺乏专业医学知识;(5)患方想要敲诈医方[4]。其他一些学者认为造成医疗暴力现象还有以下原因:(1)医学教育欠缺,医学院入学侧重学生的考试成绩,而非考察学生的能力和道德;(2)医生工作压力大,过度劳累;(3)医院过度医疗,开出不必要的检

① PHILLIPS J P. "Workplace Violence against Health Care Workers in the United State". *The New England Journal of Medicine*,2016,374(17):pp.1661-1669.

② 杨辉、刘峰、张拓红等:《医疗服务场所的医患激烈冲突防范——澳大利亚医院的经验及其对中国医院的启示》,《中国医院管理》2008年第5期,第35-37页。

③ http://mp.weixin.qq.com/s? src=3&timestamp=1522001997&ver=1&signature=YT4LX1*iE-0vlEMyc9UwOeJ9wmdVi0LNHYhwsKqextV5lcj0hHj0ioHvzfFpJ7F4XR5IqfPWg4afjSzML85LD5pwfWNWck5NA5lhKnj7HZbKbjG6m4LYjpWa0T9iwJzOyvEPDvslPXsVxtLUO1QNrN-AFruSlPvQ*udU8mCHOac=。

④ VITULL K G, NAVJOT K, MEGHNA G. "Is changing curriculum sufficient to curb violence against doctors". *Indian Heart Journal*,2016,68(2):pp.231-233.

查项目,要求患者支付预付款,扣留死者尸体直到完整支付医疗费用等①。埃及学者认为医疗暴力事件发生,可能是由于医疗资源配置不足,如 ICU 床位不足、医疗费用过高、患者强迫医生采用他们喜欢的医疗方式,或者是穆巴拉克时代的反革命团体协助支持等因素②。

中国医院协会调查显示,诊疗结果与患方期待落差大是诱发医疗暴力的主要原因,其他主要原因还包括医患沟通不到位、诊疗费用高出患方承受能力等。

第二节　域外医疗暴力防控立法比较

一、医疗暴力防控法治——国际借鉴的起点

根据上述现状,目前世界各国医疗暴力的发生总体呈现出上升趋势,医疗暴力事件多发生于大医院门诊、急诊,被施暴对象多是青年医生,施暴者多为患者,施暴方式多为言语辱骂或直接殴打,医疗暴力事件发生多因患方期望过高等。尽管各国实际情况不一,归因方式不同,但许多医疗暴力的行为特征及诱发因素是相同的,这表明尽管人文社会背景不同,但国际医疗暴力现象防范措施的技术性参考借鉴是可行的,这也为我国医疗暴力现象归因、预防研究提供了参考,哪些因素可能会导致医疗暴力事件,可以为我国探寻医疗暴力预防措施提供启示。

在借鉴域外立法的经验和措施时,需要注意的是:

首先,我国医疗暴力与国外医疗机构场所的概念有所区别,导致了法律调整对象的差异。正如第二章中对医疗机构工作场所的界定,包括四种类型的医疗暴力,即肇事者与职场或雇员没有关系、肇事者是工作场所雇员的客户和患者、肇事者是工作场所现雇员或前雇员、肇事者与雇员有个人关系,如医生与医

---

① HIMMATRAO S B. "Violence against doctors in India". *The Lancet*, 2014, 384 (9947): pp. 955—956.

② SHUBHLAKSHMI S. "Violence against doctors in Egypt leads to strike action". *The Lancet*, 2012, 380(9852): p. 1460.

生相互间的职场暴力也可以视为医疗机构场所暴力的一种表现形式。但我国所谓的医疗暴力,指的是第二种工作场所暴力,即肇事者是工作场所雇员的客户和患者。因此,法律调整的对象有所差异,在参考借鉴或移植时应当注意。

其次,我国医疗暴力本质上是社会快速发展、转型的同时产生的一些负面影响。*The Lancet* 的社论表示,中国医疗暴力发生的原因是制度性的,而国外医疗机构场所暴力的发生则多与医疗活动本身相关。因此,如果一味地参考国外的法律制度,必然导致堆砌而无实效的立法,在移植国外法律制度时应当结合我国的卫生体制现状和上述具体暴力诱发原因等具体国情,将医疗暴力防控法律本土化。

最后,一定要杜绝法律万能论的观点,发现法律的局限性。面对频发的医疗暴力,法律的完善仅能保障侵权、犯罪行为得到法律追究,在一定程度上威胁潜在犯罪人,规范医疗机构管理,但并不能从根本上解决医疗暴力的发生。解决医疗暴力应当更多地依靠政府主导下社会环境的优化和以医学界为代表的社会各界的共同努力,在此基础上用法律加以巩固、保障,才能有效缓解医患关系,减少医疗暴力的发生。如加强教育训练可显著提升医护人员应对激动或躁动病人的能力。

二、域外医疗暴力防控的立法比较

(一)美国

美国将医疗暴力防范归于职场安全之一,且立法较早。美国于1970年制定了《职业安全卫生法》,联邦政府要求据此成立隶属于劳动部的职业安全卫生管理局与现隶属于疾病管制局的国家职业安全卫生所。美国联邦政府及各州政府皆以法规要求各医疗机构制定全面性的暴力防范方案。在美国,截至2016年,已经有约38个州政府通过了专门性立法以保障医护人员的正当权利。下面以联邦法律与部分州法案为例加以说明。

1.联邦法律

根据美国《劳工关系法》(*National Labor Relations Act*)和《职业安全与卫

生法》(*The Occupational Safety and Health*)规定,所有雇主有责任对雇员的安全和健康提供保障,即医院有义务保障医护人员的工作安全和人身健康,这就要求医院制定相关应对措施以防范医疗暴力事件的发生,否则将受到行政处罚。加州、纽约、华盛顿、康乃迪克、伊利诺、明尼苏达、新泽西以及俄勒冈等州,均已立法要求医疗机构雇主提供并执行暴力防范计划①。如 2011 年缅因州某精神病医院因两年中发生 90 起患者暴力袭击医生事件,而被职业安全卫生管理局处罚 6300 美元,原因在于医院在明知精神病人的危险性和过往教训时,未及时出台暴力防控办法与流程,也未对护士和医生进行避险训练②。

美国护士协会(ANA)也曾经参酌各国州的现有医疗场所工作暴力防控法案和美国劳工部职业安全与健康管理局(OSHA)制定的《医疗和社会服务工作者预防工作场所暴力指南》制定了《暴力防控示范法案》(*Model Violence Act*),为各州立法暴力防控立法提供了参考。

2.新泽西州

在 N. J. S. A. 2C：12−1 *Assault* 中规定,对在工作期间或明显可识别从事紧急治疗或者医疗服务的工作人员进行严重袭击的,如果造成身体伤害的,构成三级犯罪,否则构成四级犯罪。

在 N. J. A. C. 8：43E−11 *Violence Prevention in Health Care Facilities*③中对医疗机构工作场所暴力的预防做了共一章十五节详细的规定,分别规定了立法目的及定义、建立预防暴力方案、暴力预防委员会、系统级综合方案和委员会、书面暴力预防计划、评估暴力风险、降低已识别风险的方法、暴力预防计划副本、暴力预防培训、事件反应调查和报告、记录保存、事件后反应、禁止报复行动、执法和处罚。该法案主要对以下内容做出了规定：

---

① 梁志鸣:《医疗暴力风险行政管制策略分析》,《万国法律》2016 年第 4 期,第 19−38 页。

② 《美国医院安保不过不失》,网易新闻,2013 年 10 月 31 日,http://view.163.com/13/1031/15/9CHAKO2M00012Q9L.html。

③ https://1. next. westlaw. com/Browse/Home/Regulations/NewJerseyRegulations? guid=N7709B270F64711E096CFA2EB752D631F&transitionType=DocumentItem&context Data=(sc. Search)。

第一，医疗机构应当设立暴力预防委员会，要求其依据各医疗机构的具体情形，提出医疗暴力防范计划，至少每个季度或根据需要召开一次会议，委员会的组成成员至少50％是医务人员，其余的人员有预防暴力相关经验，负责的任务主要包括每年的暴力风险评估、分析风险因素、识别暴力方式，制定包括政策、程序和责任的书面暴力预防计划并交给实施部门，根据评估结果提出建议，检查工作区域的设计布局，公开暴力预防计划中的安全威胁信息，依法审查修订培训计划，鼓励报告，审查、汇总报告数据并提出必要建议。

第二，2012年3月6日前，暴力预防委员会应当制定书面暴力预防计划，包括建立委员会、预防政策、过程记录、事件报告调查、后续的支持等内容，从而减轻已识别风险。暴力预防委员会参考了《医疗和社会服务工作者预防工作场所暴力指南》，进行风险评估（主要包括患者的状态等），改进安全程序。

第三，一些降低已识别风险的方法，是指室内和停车场的照明、安装报警系统、监控、金属探测器等，培训对警报的反应能力，在急诊室和精神病房等重点区域设置保安等。

第四，暴力预防培训应当面向所有医务人员，包括以下内容：本法对暴力行为的规制、机构的政策、对暴力行为的反应、报告要求和程序、安全装置的位置和操作、应对暴力的资源、总结分析暴力风险评估中的危险因素及应对措施、多元文化差异信息。

第五，在报告应当以书面的形式表明，侧重事实调查、预防和纠正行动，而不是评估责难。报告的内容应当包括时间、地点、双方身份信息、描述暴力行为、伤害程度、事件发生时旁边的员工及其措施等内容。

此外，报告行为后应当对所有调查报告保存5年以上。对雇员不得处以解除、中止、降级等报复行为。不遵守上述行为的，将依法（N.J.A.C.8：43E－3）受到强制措施和处罚。

3. 加利福尼亚州

在 West's Ann. Cal. Penal Code § 241 *Assault：punishment* 中规定，对明知是急救人员、流动重症护理员或在医院、诊所及其他医疗机构外从事急救的医生、护士,企图伤害的,单处或并处不超过 2000 美元的罚款或不超过 1 年的县监狱徒刑。§ 243 Battery: punishment 规定对明知是上述主体实施伤害的,单处或并处不超过 2000 美元的罚款或不超过 1 年的县监狱监禁,或 16 个月、2 年或 3 年徒刑。

在 8CCR *Violence Prevention in Health Care*① 中,首先要求雇主以书面形式建立、执行和维持有效的工作场所暴力预防计划,并保证其能生效。计划的具体内容应当包括 12 个方面:负责人的姓名职位,保证雇员代表参与、执行、审查计划之程序,雇员的各自职责与协调之程序,任何班次均可获得适当执法机关援助之程序,雇主之回应,监督人员职责,雇员培训程序,环境风险评估程序,病人危险因素评估程序,暴力危险纠正程序,事故后反应和调查程序,并且至少每年对暴力预防计划的有效性和运行系统进行审查,同时建立包括时间地点、行为描述、行为人、事件等级、行为类型、行为方式、行为后果等内容在内的暴力事件日志。

其次,还对雇员培训的要求进行了详细的描述,分为初步培训和额外培训。初步培训是指理解暴力预防计划、认识暴力发生因素、避免人身伤害方法、识别警报类型、安保人员的作用、向执法部门报告暴力的方式、其他应对资源和与他人交流计划的机会,额外培训是指在引进新设备或工作做法,以及发现新的或以前无法识别的危险因素时要进行培训。对培训效果也要进行检验,培训记录至少保持一年。

再次,对急诊医院、急性精神病医院和特殊医院做出暴力事件上报要求。

加州刑法第 148(a)(1)条规定:"任何人有意地阻碍、延迟、妨害任何公职人员、治安官员或定义在健康法第 2.5 篇(自第 1797 条以下)紧急医疗技术人员之执行或意图执行其公务或职务上的任务,当无任何处罚规定时,应被处以 1000 美元以下罚金,或一年以下有期徒刑,或两者并罚。"

4. 明尼苏达州

MN Statute § 609.2231 *Assault in the fourth degree* 中对紧急医疗服务人员、医院急诊室提供医疗服务的医生、护士或其他人员进行袭击并造成明显

---

① https://1. next. westlaw. com/Document/I6BC634DF89C44147BDCD321B3D59FE9F/View/FullText. html? transitionType=SearchItem&contextData=(sc. Search)。

人身伤害的定为重罪,单处或并处 4000 美元罚金或 2 年徒刑。

M. S. A. § 144. 566 *Violence against health care workers*① 中明确规定了医院的职责,要求:

(1)所有医院应在 2016 年 1 月 15 日之前制定、实施针对医疗暴力准备状态和应对计划,且每年至少检查一次;

(2)医院应当指派一个由医院聘用的医务人员组成的委员会来共同执行上述准备和计划;

(3)医院应当为医务人员提供包括安全指南、识别潜在暴力方法和医院应对计划的培训;

(4)在准备状态和应对计划的年度审查中,医院与指定的委员会共同审查其有效性、近期实施差异和过去一年医疗暴力的发生状况;

(5)将计划和(4)中的信息提供给当地的执法机构;

(6)如果医务人员想要就暴力行为联系执法机构或委员,医院及其相关人员不得干预或阻止;

(7)委员未能遵守上述要求的,将被处以 250 美元的行政罚款。

5.其他代表性州

康涅狄格州于 2017 年 10 月 1 日生效的 C. G. S. A. § 53a－167c *Assault of public safety, emergency medical, public transit or health care personnel: Class C felony*② 中,将侵犯公共安全、紧急医疗、公共交通或医护人员定为 C

---

① https://1. next. westlaw. com/Document/NDC3D16102EB411E5BD0684FD1A8A2D49/View/FullText. html? originationContext＝typeAhead&transitionType＝Default&contextData＝(sc. Default)。

② https://1. next. westlaw. com/Document/N40A4C430821A11E79860C33669CEF37F/View/FullText. html? navigationPath ＝ Search％ 2Fv1％ 2Fresults％ 2Fnavigation％2Fi0ad74015000001625d2f9bbbfb03defc％ 3FNav％ 3DSTATUTE％ 26fragmentIdentifier％3DN40A4C430821A11E79860C33669CEF37F％ 26startIndex％ 3D1％ 26contextData％ 3D％2528sc. Search％2529％26transitionType％3DSearchItem&listSource＝Search&listPageSource ＝ e1ff02a42766072f3113434832e19143&list ＝ STATUTE&rank ＝ 1&sessionScopeId＝226df0bbc528d0bc4ed0a6129b604601a45cb59f86495469e369f16180c8bfea&originationContext ＝ Search％ 20Result&transitionType ＝ SearchItem&contextData ＝ ％ 28sc. Search％29。

类重罪。

此外,亚拉巴马州、阿肯萨斯州、特拉华州、夏威夷州、印第安纳州、纽约州、俄勒冈州、华盛顿州等许多州都在刑事法律中规定,将对医务工作人员特别是实施急救的医务工作人员,企图或实施暴力攻击的,都列为重罪处罚。如纽约州对针对紧急救护人员或医疗机构急诊部相关医疗人员实施的攻击行为,按情形分别认定为 C、D、E 级重罪。华盛顿州将针对护士、医师和其他医疗服务提供者的攻击行为列为 C 级重罪的第三级攻击。阿肯萨斯州将针对医师、具有证照的紧急医疗人员、具有证照之医疗人员及其他任何类型的医疗服务提供者的攻击行为视为 D 级重罪之第三级攻击①。纽约州在 12 NY ADC 800. 6 *Public employer workplace violence prevention programs* 中要求公共事业雇主对雇员(如社会服务工作者、警察、消防员、教师、公共交通司机、医护人员、其他政府工作人员或服务人员等)有制定暴力预防计划的义务。

此外,华盛顿州、俄勒冈州、伊利诺伊州等许多州也都通过立法规范了医疗暴力的防控法案。

(二)英国

英国法律授予了医务人员有权将滋扰或骚扰行为人赶离医疗场所的权利。

《刑事司法和移民法》(*Criminal Justice and Immigration Act* 2008)②第119 条规定了"在国民健康服务场所滋扰或骚扰的罪行"的对象,即不是为了获得医疗咨询、治疗或照顾,对国民健康服务场所工作人员滋扰或骚扰,且无正当理由,经警卫和国民健康服务场所工作人员要求拒不离开的任何人。第 120 条规定,警察或经授权人员在合理怀疑有人有 119 条之罪行时,有权将其赶离,甚至可在需要时使用武力,但不包括该人需要医疗咨询、治疗或照顾,或赶离行为会损害其身心健康。

――――――――――――

① 梁志鸣:《医疗暴力风险行政管制策略分析》,《万国法律》2016 年第 4 期,第 19－38页。

② *Criminal Justice and Immigration Act 2008*,2018 年 7 月 1 日,http://www. legislation. gov. uk/ukpga/2008/4/part/8/crossheading/nuisance-or-disturbance-on-hospital-premises。

(三)德国

德国未针对医疗暴力行为直接采取应对措施,而是希望通过制度上的改革缓解矛盾①。

一方面,通过立法改善患者的就医环境。如制定《电子健康法》(*E-Health-Gesetz*),推动卫生领域数据化,为医生、患者带来了各方面的便利。

另一方面,通过保障患者权利,减轻患者负担,缓和医患矛盾。如《病人权利法》强化了患者权利,调整了药品折扣率和保险费率,在《民法典》中新增了医疗契约的规定,明确规定了医患权利义务。

三、医疗暴力防控立法的经验总结

综上所述,对医疗暴力防控之国外立法,总共有三个思路。

第一,在刑事法律层面上,规定医疗暴力行为较一般暴力行为更高的刑罚,重在惩罚与威慑,达到对犯罪人的特殊预防和社会普罗大众的一般预防之功效。如美国许多州都将医疗暴力行为列为重罪,我国台湾地区所谓的"医疗法"单设罪名规制强暴胁迫型的医疗暴力,等等。这是世界各地普遍采取的传统的犯罪预防措施,希望通过加强刑罚处罚或设置单独罪名的方式达到防控医疗暴力的效果。

目前我国医疗暴力的防控立法也是着重从打击惩罚犯罪的角度来防控医疗暴力行为的,将"医闹"扰乱医疗秩序归于刑法规制。但这仅仅是针对"医闹"扰乱医疗秩序的行为,而对更为普遍的患者个人或家属对医生施加暴力的行为未做出相关规定,而是使用一般的故意伤害、寻衅滋事等罪名,是否需要对医疗暴力犯罪新设有罪名,这有待进一步论证与完善。

第二,在行政法律层面上,保护医师的人身安全。通过制定医疗暴力的防

---

① http://mp.weixin.qq.com/s? src=3&timestamp=1522001997&ver=1&signature=YT4LX1 * iE-0vlEMyc9UwOeJ9wmdVi0LNHYhwsKqextV5lcj0hHj0ioHvzfFpJ7F4XR5IqfPWg4afjSzML85LD5pwfWNWck5NA5lhKnj7HZbKbjG6m4LYjpWa0T9iwJzOyvEPDvslPXsVxtLUO1QNrN-AFruSlPvQ * udU8mCHOac=。

控法案的形式,对医院管理责任进行强化,希望通过行政法督促,强制其自我管制,保护医务人员的安全,美国和法国等国都采用了此种立法思路。医疗暴力的防控法案中常见的防控措施包括设立暴力防控委员会、制定暴力的防控计划、进行暴力的防控计划有效性审查、进行暴力风险因素的评估、进行暴力事件情况的统计积累、与执法机构加强联系等多个方面。这种对管理人员(雇主)责任的强化化被动处理为主动治理,可以因地因时制宜,确定适合实际情况的方案,这也是当代风险社会常见的自我管制的思维。

在这一方面,我国的法制还很薄弱,就医疗暴力防控计划方面,虽有相关意见规定了相关部门应建立健全突发事件预警应对机制和警医联动联防联控机制,提高应对突发事件的现场处置能力,但此项规定仍有许多不足之处。一则通过部门文件的形式,仅仅是对法律位阶较低,法律效力不足,实践中也很难具体落实或者进行监督检查;二则在内容上仅仅提及了应对机制,而对事前预防措施及事后的恢复、改进措施等均未作要求。我国政府、行业自治组织应当参照美国等国家的暴力预防法案,采取设立暴力防控委员会、制定暴力防控计划、开展暴力风险评估、开展员工培训等多种治理措施,将暴力预防工作融入医院的日常工作中。

第三,从患者权利保护的法律角度出发,通过保障患者权利间接保护医务人员的人身安全,这是德国目前的主要做法。本书第二章第一节《医疗暴力的界定》中说明了医疗暴力本质上是一种私力救济,当通过立法的方式保障、完善公力救济时,患者很难愿意花巨大的代价进行私力救济,这间接使医师的人身安全得到了保障。

这一点也是目前我国法律中所欠缺的。我国医疗卫生体制等社会体制都在发生巨大的转变,当矛盾发生时如没有解决矛盾的恰当措施,必然会酿成医疗暴力的盛行。这与患者的就医权得不到保障、大医院人满为患、医师无暇贴心顾及每一个病人有关。此外,这也与患者维权困难有关,因为医疗事故纠纷的鉴定、诉讼往往历时较久,患方举证困难,获得赔偿不乐观,不得已通过医疗暴力给医方施加压力,谋求经济利益。

第三节 域外医疗暴力防控其他措施

一、出台医疗暴力防控指南

美国、澳大利亚、英国、瑞典等国都已经制定了防控医疗暴力事件发生时相应的行为指南，其中以美国制定的行为指南最为详备。2004 年美国劳工部职业安全与健康管理局（OSHA）颁布了《医疗和社会服务工作者预防工作场所暴力指南》（*Guideline for Preventing Workplace Violence for Health Care & Social Service Workers*）①，虽没有强制的法律效力，但具有很强的参考价值，这也是美国联邦法规规定的行业规范形式。

该指南主要分为 4 个部分：概述、预防医疗暴力计划、结论和 OSHA 援助。

预防暴力计划部分是文章主体，该部分开篇就明确指出了对待医疗暴力要采取"零容忍"的态度，并且要求医院管理人员、医务人员、患者及其家属等都明确这一态度，鼓励医务人员上报被侵害的行为，医院有义务为雇员提供安全的工作场所，要求医院制定维护工作场所安全的综合计划。

暴力预防计划主要分为以下 5 个部分：管理承诺和员工参与、工作场所分析与危险辨识、灾害预防和控制、安全及健康培训、记录保存与流程评估。

第一部分，管理承诺与员工参与。主要强调医院管理者和一线医务工作者必须通过成立团队或委员会的方式共同努力，管理层关心、承诺员工心理和身体安全健康，员工了解并遵守保障措施、提出建议、上报暴力事件并通过培训学习发现医疗暴力前兆因素。

第二部分，工作场所分析与危险辨识。要求建立威胁评估小组，对医疗暴力事件进行详尽分析，在此基础上力求：（1）分辨风险较高的工作、地点及行为；（2）发现高危因素，如患者类型；（3）发现建筑设计存在的问题，如缺少警报工

---

① http://www.osha.gov/Publications/osha3148.pdf。

具、照明等。在分析后对现有安全措施进行评估,确定该危险因素是否解决。

第三部分,灾害预防和控制。要求从工作场所设计角度评估工作场所的安全隐患,安装并定期维护报警系统及安全设施,提供金属探测器,在紧急情况下提供"安全屋",为患者提供舒适的就诊环境,确保诊室多出口等;在行政管理层面,明确暴力行为是不予容忍的,建立与当地警察和检察官的联系,保存暴力行为上报的日志等,建立由受过训练的保安建立的应急反应小组;此外,要关注员工的心理状态,由专业人士进行疏导、治疗,防止对今后的工作生活发生影响。

第四部分,安全及健康培训。要求所有员工都意识到潜在的安全隐患,并能通过相关程序对医疗暴力行为做出有效应对措施,同时尽可能保护自己的同事,强调全员参与、定期培训和考核。

第五部分,记录保存和流程评估。强调留存能反映事实真相的资料,有助于事情的进一步处理和相关工作的改进。

除了《医疗和社会服务工作者预防工作场所暴力指南》外,美国联邦政府还针对提供退伍军人医疗服务的相关医疗机构实施直接的暴力防范管制措施,如通过全国性的安全事件自动监测追踪系统追踪并记录暴力事件相关通报;通过全国连线的电子医疗资料库对潜在施暴病人进行标记,并提醒医疗人员;对所有医疗机构的暴力防范计划进行查验等[①]。

二、明确医疗暴力处理流程

明确医疗暴力处理流程,能使相关人员有效地应对和处理医疗暴力事件。如上述,美国许多州都在医疗暴力的防控法案确立了医疗暴力的应对方式和处理流程,有助于减少医务人员在医疗暴力事件中的损害。

三、优化医疗服务

澳大利亚是在利用加强硬件支持防控医疗暴力现象方面经验较成熟的国

---

① 梁志鸣:《医疗暴力风险行政管制策略分析》,《万国法律》2016 年第 4 期,第 19—38 页。

家之一。许多研究均表明医疗暴力的发生很大程度上与周围环境有关,医院通过改善医院设计,在一定程度上有助于缓解医疗暴力现象的发生。澳大利亚医院改善设计主要通过以下三种方式:第一,优化就诊环境,减少患者心理压力,如提高就诊效率,降低患者候诊时间,减少噪音,保持公共场所肃静,选用明亮暖色的照明灯光;第二,在医院公布栏、候诊室等公共场所张贴医疗暴力的相关危害和警示标语;第三,规划诊室设计,降低医务人员在暴力侵害下受伤的可能性,如设置双出口、规划逃离路线、安装警报装置等。

四、暴力预防配套制度

医疗暴力的防控需要各部门协作及相关配套制度的实施,例如美国和澳大利亚针对医疗暴力推行国家公开披露制度。国家公开披露制度即当发生医疗过错时,医务人员第一时间以开诚布公的方式向患者和患方家属披露事实真相,同时阐明弥补措施,并对医疗过错进行调查改善,避免同类过错再次发生。美国马赛诸塞州 1986 年通过《道歉法》,通过立法的方式贯彻了这一制度,而后许多州政府已经通过这一法案。

澳大利亚 Austin 医学中心根据以往处理医疗暴力事件的经验,总结开发了"医疗暴力风险评估和管理工具"[①],该管理工具的主要负责人是责任护士,责任护士由各科设立,经过短期培训即可使用该管理工具。该管理工具主要包括 3 个部分:(1)风险评估指标,该部分包括 9 个度量因素,涉及病人情绪状况及依从性、患者及其家属的攻击史、患者及其家属的酗酒和吸毒史、病人精神情况等;(2)风险程度评价,该部分对上述 9 个度量因素进行评价,分为轻度、中度和重度三级,予以赋分,通过合计评分计算患者实施医疗暴力行为的可能性;(3)防范措施建议,该医学中心将风险评估结果记载在患者病历中,在会诊时分发的病历、医生护士交接班时,都会明确标注风险评价结果、概率风险指标变化情况。

(赵敏、姜锴明)

---

① 杨辉、刘峰、张拓红等:《医疗服务场所的医患激烈冲突防范——澳大利亚医院的经验及其对中国医院的启示》,《中国医院管理》2008 年第 5 期,第 35—37 页。

第五章　医疗暴力治理政策变迁审视

第一节　考察医疗暴力治理政策变迁的基本理论

现有的关于医疗暴力的研究更多集中于即时的应对策略,从公共政策变迁的宏观视角考察医疗暴力治理政策的议题形成、议程设置、政策导向的演进规律方面的研究并不多见,而这对于理解和分析公共政策的科学性和实效性尤为重要。因此,本章拟用政策学中的基本理论探讨医疗暴力治理政策的演进规律,分析医疗暴力治理政策变迁对保障医疗秩序和社会和谐发展产生的政策影响,并对医疗暴力治理政策的完善进行总结和预判。根据医疗暴力治理政策形成和变迁的规律,本章最终选取了公共政策理论中的多源流理论和间断均衡理论作为理论依据。本节就是对这两种理论的基本介绍。

一、政策形成的多源流理论

多源流理论由美国政治学家金登首次提出,主要是指一个项目被提上议程是由于在特定时刻汇合在一起的多种因素共同作用的结果,而并非它们中的一种或另一种因素单独作用的结果。金登认为,在政策系统中存在着问题源流、政策源流和政治源流这 3 种不同独立的源流,一旦政策之窗开启,三流合一,新的公共政策就会被选择,或是新的公共政策取代旧的政策,政策变迁得以实现①。该理论源于科恩、马奇和奥尔森提出的"垃圾桶模型",在该模型中决策是由组织中问题源流、技术源流、参与者源流及决策机会等 4 个相互独立的源流相互作用的结果②。与垃圾桶模型的"四源流"有所不同,金登提出了"问题源流、政策源流、政治源流"三大源流。其中,问题源流是指决策者需要关注或者考虑解决的问题③;政策源流是指在政策系统中存在着政策共同体,它们四处散发自己的想法或打算,在选择过程中,有些政策建议得到重视,而另一些建议则被抛弃;政治源流是指包括像国民情绪的摇摆不定、公共舆论的变化莫测、行政当局的更换、党派或意识形态的改变以及利益集团的影响这样的因素④。这 3 条源流彼此独立,其发生、发展和运作都不依赖于其他源流,但它们在某一关键时间点汇合到一起,从而打开"政策之窗",问题就会被提上政策议程。

作为公共政策过程的分析工具,多源流理论成功地解释了国外公共政策领域中存在的诸多现象,受到西方学者的高度认同。国内运用多源流理论进行政策分析始于 2005 年,此后逐渐升温,议题主要集中在教育改革、基层治理、污染防治、区域合作、医疗卫生、人口生育、人才政策、养老保险、NGO 作用、房地产调控和出租车改革等方面⑤。

二、政策变迁的间断均衡理论

西方学界关于政策变迁的研究大致经历了两个时期,即以逻辑经验主义为方法论基础的渐进主义研究时期和以范式为方法论基础的非渐进研究时期。

---

① ［美］约翰·W.金登:《议程、备选方案与公共政策》,丁煌、方兴,译,中国人民大学出版社 2004 年版,第 45 页。

② COHEN M D, MARCH J G, OLSEN J P. "A Garbage Can Model of Organizational Choice". *Administrative Science Quarterly*, 1972, 17(1): pp.1—25.

③ 吴磊:《多源流理论视角下的公共政策议程设置研究——以〈食品安全法(修订草案)〉为例》,《生态经济》2015 年第 31 卷第 5 期,第 179—182 页。

④ 朱春奎:《行政程序立法进程的多源流分析》,《东方行政论坛》2012 年第 2 辑,第 16—20 页。

⑤ 杨志军:《模糊性条件下政策过程决策模型如何更好解释中国经验?——基于"源流要素＋中介变量"检验的多源流模型优化研究》,《公共管理学报》2018 年第 4 期,第 1—18 页。

前者只强调政策的渐进性变迁而忽略了政策的间断性变迁,以范式为方法论基础的非渐进研究则同时解释政策的渐进性变迁和发生的急剧重大变迁①。

间断均衡理论是以范式为方法论基础的非渐进政策变迁研究方法,主要是指政策在长期的稳定之后会有一个急剧的改变,然后又进入一个较长的稳定期②。其源于生物进化的"间断均衡说"③,鲍姆加特纳(Baumgartner)和琼斯(Jones)借用该理论来描述美国在一种稳定和渐进的总体趋势中偶尔会出现重大变迁的政策过程④。间断均衡模型理论用政策图景和政策场域的变化、政策垄断(崩溃)和焦点事件的发生等一系列核心要素相互作用的方式来理解政策平衡和间断变迁的过程。其中,平衡是指政策只是进行调试性的渐进式修正,间断则是指现有难题不能用原有的政策系统解决,于是发生根本的差异性变革。

在具体的公共政策变迁过程中,在政策制定之初,由于政策场域即社会中有权力决定某一问题的机构和团体组成垄断或开放的子系统政治,如国家卫生和计划生育委员会、公安部等国家相关政府部门所组成的集中、封闭的体系倾向于将其他参与者排斥在外,使政策变迁处于缓慢或停滞状态⑤,同时政策在公众和媒体中以正面的理解和讨论为主(正面政策图景),此时有助于政策垄断。随着政策的实施,当政策不能适应社会大环境的变化,逐渐失去民众的支持和当局者的肯定,政策在公众和媒体中逐渐演变成负面的理解和讨论(负面政策图景),同时一系列能够迅速聚集公众注意力的焦点事件的发生更可能引发政策变迁。当政策处于垄断地位时,政策制定者如果能在原有政策系统内解决出现的新问题,政策就会显现出渐进式变迁;但是随着问题的逐渐增多,政策制定

---

① 杨涛:《政策变迁的间断与平衡——一个模型的介绍与启示》,《合肥学院学报》(社会科学版)2011年第3期,第93—96页。

② 程意真:《转型时期政府管理体制改革的新模型——间断性均衡改革》,《甘肃行政学院学报》2007年第1期,第10—12页。

③ 吴汝康:《达尔文时代以来生物学界最大的论战——系统渐变论与间断均衡论》,《人类学学报》1988年第3期,第270—277页。

④ 杨诚虎:《西方公共政策研究新进展》,《行政论坛》2006年第5期,第94页。

⑤ 徐媛媛:《政绩困局与政策间断——以新医疗改革方案的出台为议题》,《经济体制改革》2010年第2期,第141—144页。

者无法在既有的政策系统下有效解决出现的诸多新问题,政策的均衡便可能被焦点事件、突发问题、社会急剧变迁打断甚至趋于崩溃,此时新的解决途径会被一些政策制定者所发掘,使原有政策系统受到冲击,就会出现垄断政策的崩溃。垄断政策崩溃后,决策者将对旧有政策的问题进行评判,在议题设置、决策过程中加大参与度,吸收并考虑导致政策崩溃的情感和经验,然而,垄断政策的惯性会对新政策予以抵抗,直至新政策图景证实其有效性,才逐渐趋于均衡。

间断均衡理论强调政策图景和政策场域对政策变迁的作用及作用的具体过程,但是也不乏对政策实施的理论与现实之间张力的洞察,以及如何解决政策与实际情况的差异等,如 O'Donnell D 等采用间断均衡理论探索允许艾滋病政策变革的条件及被及时纳入政府政策的关键机制①,陈伟等利用间断均衡模型对中央"一号文件"农业政策变迁的研究②等。国内现有的实证研究已经开始逐步把间断—均衡理论和我国的实际情境相结合,但还需对该模型进行本土化发展。

第二节　医疗暴力治理政策形成与变迁分析

一、医疗暴力治理政策的初步形成(20 世纪 80 年代—2001 年)

20 世纪 80 年代,为了解决公立医院管理体制僵化、药品缺乏、技术设备落后等问题,原卫生部提出要"放宽政策,简政放权,多方集资,开阔发展卫生事业的路子,把卫生工作搞活"③,医疗行业跟随时代的节奏,由计划经济模式进入市场经济模式。

---

① O'DONNELL D, PERCHE D. "Resetting the agenda: the makings of ? A New Era". *Sexual Health*, 2016,13(4):pp.328—334.
② 陈伟、高力:《间断——均衡模型:中央"一号文件"农业政策变迁的一种分析框架》,《云南行政学院学报》2015 年第 2 期,第 104—107 页。
③ 佚名:《关于卫生工作改革若干政策问题的报告》,《中国医院管理》1985 年 8 期,第 6—8 页。

随着 1992 年 9 月原卫生部颁发《关于深化卫生改革的几点意见》以来,中央决策层关注点由计划经济时代"看病难、住院难、手术难"的医疗资源短缺问题,转向与市场经济体制改革相匹配的医疗市场化,政策场域中各政策制定机构的关注点也开始发生变化,由计划经济体制下医疗资源的分配问题转向加强市场化的医疗体制改革,与中央决策层的宏观价值倾向高度一致。但是这个时期,医疗卫生体系原来的制度缺位、医疗保障覆盖面狭小、"看病难、住院难、手术难"的医疗资源短缺问题继续存在,而以市场化为准则①,医院在做大做强的同时却伴随医疗费用的不断攀升,其中增长最快的费用为药费、检查费和治疗费,1997 年分别是 1992 年的 5.01 倍、4.11 倍和 3.34 倍②,使广大老百姓不堪重负,医疗行业的"公益性"正逐步丧失。当时公众和媒体认为,医生和医院首先考虑的是经济效益,其次才是患者的生命健康,患者到医院看病就医,感觉是在进行普通消费且满意度不佳,患者由此产生对立情绪,如新华网报道的 20 世纪 90 年代医疗系统开始流传的"点名手术""特殊病房"等在民众中引起了广泛讨论,形成了"医院是不是掉在钱眼里了"的负面政策图景③。

相应地,医疗纠纷从较少发生变为显著增加。据权威调查显示,1991 年全国百家大医院共发生医患纠纷 232 件,1998 年上升至 1400 件,而到了 2003 年,仅北京地区就发生了 5000 件;医疗暴力等违法现象初步显现,2003 年已有文献报道,据中华医院管理学会的调查显示,被调查的 326 所医院里,遭遇病人扰乱医院诊疗秩序的占 73.5%,发生打砸事件 143 起,占 43.86%,对医院设施直接造成破坏的占 35.58%,打伤医务人员 113 人,占 34.66%④。

从政策形成的多源流理论来审视上述时期,我们发现,治理医疗暴力的政策事实上已经具备了形成的基础。我们依次从问题源流、政策源流和政治源流

---

① 尹明芳、龚舒琴:《当前医院经济工作面临的问题及对策》,《中国卫生经济》2003 年第 11 期,第 47—48 页。

② 周绚:《探讨有效控制医疗费用上涨的可行对策》,《中国卫生统计》1998 年第 5 期,第 34—35 页。

③ 《公立医院的"特需"病:是不是掉到钱眼里了?》新华网,2010 年 2 月 21 日,http://news.xinhuanet.com/politics/2010-02/21/content_13019769_1.htm,2010-02-21。

④ 樊静、姜潮:《医疗纠纷的现状及对医院和医务人员的影响》,《中国医院管理》2003 年第 1 期,第 29—31 页。

三个方面进行分析。在问题源流上,医疗暴力成为现实的社会问题。问题之所以能够引起人们的重视,在于以下 3 点:一是现象或情况的重要程度,可以通过相关重要指标来反映;二是一些重大事件或者危机引发决策者对某个问题的关注;三是从现行项目实施中得到的反馈,可以推动对此问题的关注。医疗纠纷发展的新状况、新问题,促进了民众对新政策的期待,也强化了国家对政策期待回应的必要性,但此时问题的严重程度并没有凸显,这对政策的严厉度会带来影响。在政策源流上,由于国家政策在宏观导向上的重大变化,新的政策思路和方案成为必要。决策者逐渐意识到,对医疗纠纷尤其是日益严重的医疗暴力的化解,不能寄希望于既往以调解为主的内部消化,应当制定明确的规则对之进行规制。在政治源流上,决策者的感知是复杂的,同时也对政策形成产生了重大影响。一方面,决策者并不希望看到医疗行业被整体质疑的场景,这将对社会稳定和民众信心造成打击;另一方面,决策者同样不希望看到私人暴力在社会中横行,这将对社会秩序造成更可怕的破坏。对于第一个问题,在国家政策导向未发生明显变化之际,决策者难以对医疗市场化的根本决策进行调整,只能通过医德医风教育等内心意识方面的规定和宣传,对医疗机构或医务人员的逐利倾向进行调整。也正因为此,在治理医疗暴力的政策上,基于对患方的部分宽宥,很难形成非常严格的政策。

因此,这期间,为了维护医患双方的合法权益,国务院于 1987 年颁布了《医疗事故处理办法》,第二十五条明确规定医疗单位的财产和工作秩序,工作人员的人身安全、民主权利和工作权利受法律保护。任何人不得借口医疗单位发生医疗事故寻衅滋事,扰乱医疗工作的正常秩序。违者由公安部门依照《中华人民共和国治安管理处罚条例》有关规定予以处罚;对情节严重构成犯罪的,由司法机关依法追究刑事责任。同年,全国人民代表大会常务委员会颁布了《治安管理处罚条例》,提及扰乱机关、团体、企业、事业单位的秩序,致使工作、生产、营业、医疗、教学、科研不能正常进行,尚未造成严重损失的,处 15 日以下拘留、200 元以下罚款或者警告。虽然此期间颁布了上述"办法"和"条例",对扰乱医疗工作正常秩序有了初步的规定,但医疗暴力治理政策基本处于空白阶段,医疗暴力相关问题没有被中央决策层所关注,国家卫生行政主管部门和公安部门也没有对此高度重视,但新的医疗暴力治理政策产生的基础条件已经形成,一旦发生影响巨大的触发事件,新的公共政策将呼之欲出。

二、医疗暴力事件激增后的政策增加(2002 年)

21 世纪初,随着经济发展水平的提升和"看病难、看病贵"等问题的日益凸显,医疗暴力事件发生频率激增,其中影响较大的有:2001 年 4 月 28 日,北京安贞医院,医生被毒打并被逼向死者遗体下跪;2001 年,重庆市第三人民医院眼科患者因不满治疗效果,制造爆炸事件造成 5 死 35 伤;2002 年 4 月 17 日,四川省华西医科大学附属一院,患者追砍医生致其左眼可能失明、双手将残;2002 年 10 月 3 日,贵州省贵阳市某医院,患者不满治疗效果用猎刀砍死医生等①。

上述一系列的医疗暴力事件迅速让医疗纠纷成为社会热点,经由媒体报道,进一步引发国家、社会的忧虑。在问题源流上,激增的焦点事件致使问题的严重性凸显,暴露了原有政策不力的缺陷;在政策源流上,《医疗事故处理办法》有关医疗事故的界定、鉴定程序和赔偿规定显然已经不能适应新形势的需要;在政治源流上,焦点事件的巨大社会影响必然会坚定国家治理医疗暴力的决心。

从政策过程上看,第一次间断产生于这个时期。尽管在上一阶段,暴力治理政策已经出现,但基本上是缓慢形成和稳步推进的。但此时,重大的情势变更使得医疗暴力的专项治理和效果评价成为必须。医疗暴力治理政策需要打破均衡发展,在质和量上有明显的变化。

事实上,在当时,社会各界要求制定《医疗事故处理法》的呼声很高。为了缓和高度紧张的医患关系,国家考虑到当时制定法律尚缺乏足够的经验,决定从实际情况与实际需要出发,先由国务院制定一个行政法规,待条件成熟后再上升为法律。因此,新的决策情景就此出现:2002 年国务院颁布并实施了《医疗事故处理条例》,其目的在于保护人们的生命健康权,最大限度地减少医疗事故的发生,医疗事故发生后应当及时采取补救措施,妥善处理。其中,针对医疗纠

---

① 《细数中国医生遭遇的惨案》,360 图书馆,2012 年 3 月 28 日,http://www.360doc.com/content/12/0328/10/821532_198520099.shtml。

纷中引发的医疗暴力行为给予严厉处罚："以医疗事故为由,寻衅滋事、抢夺病历资料,扰乱医疗机构正常医疗秩序和医疗事故技术鉴定工作,依照刑法关于扰乱社会秩序罪的规定,依法追究刑事责任;尚不够刑事处罚的,依法给予治安管理处罚。"该条例的主要目的和任务之一就是维护医疗秩序,保障医疗安全。

此条例虽然带有强烈的应急色彩,是中央决策层主动采取的措施,但是它标志着医疗纠纷开始被中央决策层所关注,为了解决医疗纠纷所带来的一系列问题,中央完全更新了原有的处理方式和力度,实现了第一次间断。但其政策留白也较为明显,如决策者对医疗暴力可能造成的危害认识仍不够清晰,未认识到职业医闹在纠纷和暴力中的消极作用等,卫生行政部门单方面重视,但部门协同不足,尤其是未与执法、司法部门形成一致认识,最典型的例子如最高人民法院与此同时颁布的《关于民事诉讼证据的若干规定》,其第四条第八款"因医疗行为引起的侵权诉讼,由医疗机构就医疗行为与损害结果之间不存在因果关系及不存在医疗过错承担举证责任",规定了明显有利于患方的举证责任,对医疗纠纷的妥善处置造成了巨大困扰。因此,该时期的政策留下了均衡变化的空间,也产生了造成负面图景的可能。

三、医疗暴力治理政策渐进形成阶段(2003—2011 年)

在《医疗事故处理条例》颁布之后,医疗暴力事件仍然没有得到明显的遏制,由于经历了第二阶段的政策间断式增加,决策者认为,在政策形成的问题源流、政策源流和政治源流上,其主要问题已经基本稳定,接下来的政策推进应当是循序渐进的,逐步完善是最优政策选择。

同时,2002 年前后间断式增加的医疗暴力治理政策的效果也确实需要进一步提升,这为后续的政策变化保留了空间。2005 年 5 月,湖北省东湖人民医院发生"医闹"事件,200 余人打砸医院、殴伤院长;2006 年 11 月 10 日,一名幼童误服农药中毒,在四川广安第二人民医院抢救无效死亡,数千名群众围攻火烧医院。2002 年《医疗事故处理条例》实施后,患者的医疗费用没有下降,而是继续上升;医疗纠纷的数量没有减少,而是年年攀升;医患关系不但没有得到缓和,反而有愈演愈烈之势。打、砸、抢、杀等医疗暴力事件仍大量涌现①,没有达到政策制定者们的预期目标。

新闻媒体对医疗纠纷和医疗暴力的报道加剧了医患矛盾,占据主流舆论的仍然是"医院追求利润最大化、服务意识欠缺、对患者缺乏以人为本的关怀;而普通患者对于高额医疗费用苦不堪言、部分患者对医生失去了最基本的信任"②的负面政策图景。基于现实需求,本着调整政策间断过程中造成负面政策图景的部分决策因素的目的,全国人大于2010年7月颁布并实施了《侵权责任法》,其中第五十四条指出"患者在诊疗活动中受到损害,医疗机构及其医务人员有过错的,由医疗机构承担赔偿责任"。第五十八条明确了患者有损害的,推定医疗机构有过错的三种情形,即(一)违反法律、行政法规、规章以及其他有关诊疗规范的规定;(二)隐匿或者拒绝提供与纠纷有关的病历资料;(三)伪造、篡改或者销毁病历资料。以上两条修正了2002年《关于民事诉讼证据的若干规定》关于举证责任倒置情形中医疗损害的规定。第六十四条首次以法律的形式有针对性地强调了医疗机构及其医务人员的合法权益受法律保护。干扰医疗秩序,妨害医务人员工作、生活的,应当依法承担法律责任。

值得关注的是,在政策均衡推进的过程中,政治源流上的考量逐渐增多。在2009年《中共中央 国务院关于深化医药卫生体制改革的意见》发布之后,破除医疗机构过度逐利性的政策倾向已然清晰。因此,基于政治考量,建立和谐医患关系、破解患方信任危机等政策逐渐被纳入决策者视野。2010年1月,司法部、卫生部、保监会联合发布了《关于加强医疗纠纷人民调解工作的意见》,其主要目的是构建和谐的医患关系,维护医患双方的合法权益,维持正常的医疗秩序,实现病有所医。该意见贯彻了"调解优先"原则,引入人民调解工作机制,由司法行政部门、卫生行政部门指导各地建立由具有较强专业知识和较高调解技能、热心调解事业的离退休医学专家、法官、检察官、警官,以及律师、公证员、法律工作者和人民调解员组成的医疗纠纷人民调解委员会,充分发挥人民调解工作预防和化解矛盾纠纷的功能,积极参与医疗纠纷的化解工作,对于建立和

---

① 徐正东:《我国医疗纠纷举证责任分配制度演变及其述评》,《四川警察学院学报》2011年第4期,第44—48页。

② 田丰:《医疗暴力:原因及应对》,《医学与哲学》2014年第8A期,第90—93页。

谐的医患关系,最大限度地消除不和谐因素、增加和谐因素,更好地维护社会稳定具有十分重要的意义。

基于政策均衡期的背景,该意见其实体现了均衡期政策制定的平和、理性等特点。在国家层面上实现了多部委联合发文,体现了中央主管部门对于维持正常医疗秩序的重视,为后续多部委联合开展维护正常医疗秩序、打击涉医违法犯罪和暴力伤医事件拉开了序幕。该意见体现了执法机关以更深入的姿态介入医疗纠纷的处理,决策层方面开始由"医疗市场化"逐渐向"加强医疗卫生事业公益性的改革"方向转变,价值导向逐渐由"以药养医"回归"医疗公益性"。这个时期,医疗暴力治理政策在原有基础上不断进行调整,力图妥善解决医疗纠纷,稳住医疗暴力的上升趋势,属于渐进的均衡期,并取得了一定成效。如果依此思路,中国医疗暴力治理政策的科学性和参与性应当会有所增加。

四、被焦点事件触发的专项政策激增(2012—2013 年)

然而,现实的激烈变化挑战了政策的缓慢均衡变迁,特别是 2012 年 3 月哈尔滨医科大学附属第一医院恶性伤医事件又一次考验了决策层,引发了对原有医疗暴力治理政策的考量。在问题源流上,新增加的严重社会问题引发了决策者又一次超乎寻常的关注,很难再以平和稳定的态度看待政策规则的变化;在政策源流上,旧政策稳步推进的方式被质疑,而呼唤专项政策的声音愈来愈多;在政治源流上,决策者也确实亟须有所表态,以平息来自医疗行业日益高涨的维权呼声,进而维持医疗秩序的稳定。

因此,2012 年 5 月,卫生部和公安部联合发布了《关于维护医疗机构秩序的通告》(以下简称《通告》),以极其简洁明了的方式表明了有效维护医疗机构正常秩序,保证各项诊疗工作有序进行的立场。《通告》强调了医疗机构是履行救死扶伤责任、保障人民生命健康的重要场所,禁止任何单位和个人以任何理由、手段扰乱医疗机构的正常诊疗秩序,侵害患者合法权益,危害医务人员人身安全,损坏医疗机构财产;要求公安机关会同有关部门做好维护医疗机构治安秩序工作,依法严厉打击侵害医务人员、患者人身安全和扰乱医疗机构秩序的违法犯罪活动。同时,《通告》明确了"在医疗机构焚烧纸钱、摆设灵堂、摆放花圈、违规停尸、聚众滋事"等 7 种扰乱医疗机构正常秩序的情形,由公安机关依据《中华人民共和国治安管理处罚法》予以处罚,构成犯罪的,依法追究刑事责任。《通告》在 2010 年《关于加强医疗纠纷人民调解工作的意见》的基础上,针对维护医疗秩序和保护医务人员的人身安全做出了更加具体的特别强调,原本仅仅说明医务人员合法权益受法律保护的提法已经不能对涉医违法犯罪和暴力伤医行为起到有效的震慑作用,这时现有公共政策已不适应,新的政策图景已清晰出现。

而连续发生的重大暴力事件进一步加强了各方对政策负面图景的认识。2013 年 10 月,浙江省温岭市第一人民医院恶性伤医事件造成医务人员一死二伤,李克强总理对此事件十分关注并做出重要批示,要求有关部门高度重视因医患矛盾引发的暴力事件,采取切实有效措施维护医疗秩序。决策层对原有公共政策打击暴力不力的各因素予以重新审视,为贯彻习近平总书记关于建设平安中国的重要批示,国务院召开了"维护正常医疗秩序建立和谐医患关系"会议,以骤然加强严厉打击暴力为政策目标的新政策陆续出台。2013 年 11 月,国家卫生计生委、公安部、中央综治办等 11 部委联合发布了《关于印发维护医疗秩序打击涉医违法犯罪专项行动方案的通知》(以下简称为《通知》),《通知》以紧密围绕建设平安中国、健康中国为要求,深入开展群众路线教育实践活动,以创建"平安医院"活动为载体,通过开展维护医疗秩序打击涉医违法犯罪专项行动,保障医患双方的合法权益,为广大患者和医务人员营造良好的医疗环境,切实维护社会和谐稳定。

《通知》首先强调了要严厉惩治侵害医患人身安全、扰乱正常医疗秩序违法犯罪活动,主要措施有:(一)依法惩治暴力伤害医务人员和患者的违法犯罪活动。公安机关要加强对医疗机构安全指导检查及周边的巡逻防控,对实施伤害医务人员和患者人身安全的违法犯罪分子,要采取一切有效措施果断制服,依法严惩。对在医疗机构内发生的各类涉嫌犯罪案件,公安机关要快侦、快破,检察院、法院要依法及时批捕起诉、审判。重大案件上级机关要挂牌督办,坚决打掉违法犯罪分子的嚣张气焰。(二)依法处理扰乱正常医疗秩序等行为。对在医疗机构拉横幅、摆设花圈、设灵堂、违规停尸、驱赶其他就医人员等扰乱医疗机构秩序的,或者聚众打砸和围堵医疗机构,侮辱、威胁医务人员,非法限制医务人员和其他工作人员人身自由等,致使医疗机构诊疗活动无法进行,侵害人民群众合法就医权益的行为,公安机关接到报警后应当立即采取果断措施,及时控制现场,维护正常医疗秩序。对不听劝导、不肯停止过激行为,构成违反治安管理行为的,要依据《治安管理处罚法》有关规定进行查处;构成犯罪的,要依法追究刑事责任。(三)严厉打击职业"医闹""医托"及"号贩子"。对专门捏造、寻找、介入他人医患矛盾,故意扩大事态,寻衅滋事,向医务人员、医疗机构敲诈勒索的职业"医闹"分子,要严厉打击,坚决依法查处;构成犯罪的,要依法追究其刑事责任。要加强医疗机构周边秩序维护和乱点整治,重点打击、依法查处"医托""号贩子",为患者创造良好的医疗环境。(四)要求各级卫生计生部门会同公安机关指导医疗机构建立医患突发事件应急处置预案,健全警医联动、联防联控机制,提高应急突发事件的现场处置能力;明确了各部门职责,要求公安、检察院、法院对重大伤医案件及涉医案事件要依法从快从重处理;加强了宣传教育和舆论引导,要求各地广泛利用电视、广播、报纸、互联网等新闻媒体大力宣传专项行动取得的战果,及时报道涉医案件打击处理情况,对典型案例要通过媒体集中披露,起到法治教育和打击震慑作用。大力宣传卫生行业先进典型,以及医患共同抵御疾病的生动故事,弘扬救死扶伤人道主义精神,营造尊医重卫的良好氛围。《通知》首次比较系统地阐述了维护医疗秩序打击涉医违法犯罪工作该如何开展,明确了具体措施和工作要求,体现了中央决策层对于医疗暴力等违法行为给社会带来不稳定影响的高度重视和打击力度,拉开了对医疗暴力高压打击的序幕。

五、对医疗暴力打击力度持续增强期(2014 年至今)

2014 年至今,引起决策者、公众、媒体关注的医疗暴力事件依然层出不穷:如 2014 年 2 月"齐齐哈尔北钢医院一耳鼻喉医生遇害身亡"事件[①]、2014 年 3 月 5 日"广东潮州病死者家属纠集上百人押医生游行"事件[②]、2016 年 5 月"广

---

① 郑海农:《耳鼻喉科医生为何"被杀"》,《健康博览》2014 年第 5 期,第 20—21 页。
② 龙敏飞:《押医生游行》,《杂文选刊(下半月版)》2014 年第 4 期,第 58 页。

东省人民医院口腔科被砍伤医生不治身亡"事件①、2017年2月"江苏省人民医院肝胆科孙倍成主任被刀刺伤"事件等。这些不断发生的焦点事件和负面政策图景触动了中央决策层对医患关系的思考和医疗暴力相关法律政策的考量,国家层面新的法律法规和政策不断颁布。在政策过程中,由于2012—2013年已经形成了医疗暴力治理的专项政策制定图景。因此,打击力度的持续增强仍然形成一种均衡。

2014年3月,为认真贯彻落实习近平总书记等中央领导同志一系列重要批示指示精神,进一步加大防范和打击暴力伤害医务人员违法犯罪活动的力度,切实维护医疗机构良好治安秩序,公安部制定了《公安机关维护医疗机构治安秩序六条措施》,明确提出了"三个坚决、三个一律"的规定,即:(一)坚决依法打击暴力伤医违法犯罪。对侮辱、威胁、殴打医务人员、非法限制医务人员人身自由等违法犯罪行为,要迅速出警、依法果断制止,当场查证;构成违反治安管理行为的,要依法予以治安管理处罚;构成犯罪的,依法追究刑事责任。对持凶器伤害医务人员、严重威胁医务人员人身安全的,要依法采取一切必要措施果断制止,并采取刑事强制措施。(二)坚决依法果断处置扰乱医疗机构正常秩序行为。对在医疗机构焚烧纸钱、摆设灵堂、摆放花圈、聚众滋事堵塞大门、扰乱医疗秩序和在医疗机构违规停尸,经劝说、警告无效的,要依法予以带离驱散;对组织、煽动的首要分子,要依法强制带离现场,从严惩处。(三)坚决依法查处携带管制器具进入医疗机构。对非法携带管制器具,或者携带斧头、菜刀、棍棒、易燃易爆等危险物品进入医疗机构的,要带离医疗机构严格审查;构成违法犯罪的,要依法从严惩处。(四)二级以上医院一律作为巡逻必到点,有条件的要设立警务室;三级医院必须设立警务室。(五)配合卫生计生部门指导二级以上医院开展医患纠纷摸排,对矛盾纠纷突出的医院,一律建立专门机构负责接受患者诉求,跟踪问题处理结果。(六)指导二级以上医院一律按规定配足配强保安员,指导开展技能培训,加强医院巡逻守护。公安部要求各地公安机关要根据本地实际,制定细化工作方案,全力抓好"六条措施"的贯彻落实。

2014年4月,最高人民法院等5部委联合发布了《关于依法惩处涉医违法

---

① 周清泉:《医闹之殇何时休》,《检察风云》2016年第13期,第74—75页。

犯罪维护正常医疗秩序的意见》,意见充分强调:(一)依法惩处涉医违法犯罪维护正常医疗秩序的重要性。认为一段时期以来,个别地方相继发生暴力杀医、伤医以及在医疗机构聚众滋事等违法犯罪行为,严重扰乱了正常医疗秩序,侵害了人民群众的合法利益。强调良好的医疗秩序是社会和谐稳定的重要体现,也是增进人民福祉的客观要求。依法惩处涉医违法犯罪,维护正常医疗秩序,有利于保障医患双方的合法权益,为患者创造良好的看病就医环境,为医务人员营造安全的执业环境,从而促进医疗服务水平的整体提高和医药卫生事业的健康发展。(二)要严格依法惩处涉医违法犯罪,分别根据不同情形依照治安管理处罚法和刑法的有关规定做出了比较详细的规定,如:在医疗机构内殴打医务人员或者故意伤害医务人员身体、故意损毁公私财物,尚未造成严重后果的,分别依照《治安管理处罚法》第四十三条、第四十九条的规定处罚;故意杀害医务人员,或者故意伤害医务人员造成轻伤以上严重后果,或者随意殴打医务人员情节恶劣、任意损毁公私财物情节严重,构成故意杀人罪、故意伤害罪、故意毁坏财物罪、寻衅滋事罪的,依照刑法的有关规定定罪处罚。以不准离开工作场所等方式非法限制医务人员人身自由的,依照《治安管理处罚法》第四十条的规定处罚;构成非法拘禁罪的,依照刑法的有关规定定罪处罚。公然侮辱、恐吓医务人员的,依照《治安管理处罚法》第四十二条的规定处罚;采取暴力或者其他方法公然侮辱、恐吓医务人员情节严重(恶劣),构成侮辱罪、寻衅滋事罪的,依照刑法的有关规定定罪处罚。对于故意扩大事态,教唆他人实施针对医疗机构或者医务人员的违法犯罪行为,或者以受他人委托处理医疗纠纷为名实施敲诈勒索、寻衅滋事等行为的,依照《治安管理处罚法》和刑法的有关规定从严惩处。该意见强调了维护正常医疗秩序的重要性,同时阐明了涉医违法犯罪的情形所对应的惩处条款,如此细致地指导如何具体开展工作,这在已经发布的各个意见、措施和通知中尚属首次。

　　2015 年 11 月,为深入贯彻全面推进依法治国的战略部署,进一步巩固工作成效,依法维护医疗秩序、构建和谐医患关系,在更高起点上深化"平安医院"创建活动,实现医疗秩序根本性好转,国家卫生计生委、中央综治办、公安部、中宣部等 11 部委联合发布了《关于深入开展创建"平安医院"活动依法维护医疗秩序的意见》,提出了"预防为主、标本兼治、打防并举、健全机制"的原则。其中,明确从始终保持对涉医违法犯罪严打高压态势、完善警医联动机制、提高医疗机构安全防范能力等三个方面加强依法预防和惩治涉医违法犯罪活动。要求公安机关应当按照《关于依法惩处涉医违法犯罪维护正常医疗秩序的意见》和《公安机关维护医疗机构治安秩序六条措施》等要求,依法严厉查处、打击各类涉医违法犯罪活动。对持凶器伤害医务人员、严重威胁医务人员安全的,要依法采取一切必要措施果断制止,涉嫌犯罪的要依法立案查处;坚决依法果断处置扰乱医疗机构正常秩序行为,对在医疗机构违规停尸等扰乱医疗秩序的,经劝说、警告无效的,要依法带离驱散;对组织、煽动的首要分子,要依法强制带离现场,从严惩处。

2015 年 11 月,全国人民代表大会常务委员会公布《中华人民共和国刑法修正案(九)》,明确了对"医闹"首要分子处以 3－7 年的有期徒刑,对其他积极参加的,处 3 年以下有期徒刑、拘役、管制或者剥夺政治权利。2015 年 11 月,国家卫计委起草了《医疗纠纷预防与处理条例(送审稿)》,其中明确了公安机关对扰乱医疗机构正常秩序的行为应当及时采取 3 种措施,包括:迅速制止过激行为,开展教育疏导,控制现场秩序;及时依法处置现场发生的违法犯罪行为;对于不听劝阻的,应当依法采取强制措施并将涉嫌违法犯罪的人员带离现场调查。

为进一步做好维护医疗秩序构建和谐医患关系工作,保障医患双方的合法权益,2016 年 3 月,国家卫生计生委、中央综治办、公安部、司法部等 4 部委联合发布了《关于进一步做好维护医疗秩序工作的通知》。通知要求:(一)各地公安机关要始终保持对涉医违法犯罪的严打高压态势,要严格按照《公安机关维护医疗机构治安秩序六条措施》的要求,对各类伤医、闹医等违法犯罪活动依法果断处置,当场查证,严厉打击。特别是对暴力伤害医务人员或者非法限制医务人员人身自由等违法犯罪行为,必须坚决果断制止,依法予以治安管理处罚或追究刑事责任,不得拖延、降格处理,滋事扰序人员违法行为未得到制止之前,公安机关不得进行案件调解。(二)医疗机构要高度重视涉医事件的早介入、早处理。健全警医联动机制,特别是基层医疗机构报警时应当讲清当事方人数、具体行为、有无人员受伤等情况。医疗纠纷责任未认定前,医疗机构不得赔钱息事。(三)全面提升医疗机构安全防范能力,特别是区县级医院、社区卫生院以及乡镇卫生院等基层医疗机构,集中力量针对薄弱环节和重点科室做好防范工作。医疗机构应当会同有关部门加强对严重精神障碍患者等重点人员的梳理掌握,对多次到医疗机构无理纠缠或扬言报复医务人员的患者及家属群体,要列出清单,重点关注,向公安机关报告。(四)进一步加强医疗服务与质量安全管理和及时做好信息发布及信息沟通工作。其中,涉及死亡、重伤或引发群体性事件的,医疗机构应当立即报告属地卫生计生行政部门和当地综治组织,并在 12 小时内上报至国家卫生计生委。各地公安机关应当及时将有关情况上报上级公安机关。国家卫生计生委将会同有关部门对重点地区、重大涉医违法案件进行督办,并在全国范围内进行通报。该通知在 2014 年《关于依法惩处涉医违法犯罪维护正常医疗秩序的意见》的基础上,更为全面地从打击涉医违法犯罪维护医院良好秩序、全面提升医疗机构安全防范能力、医疗服务与质量安全管理、信息发布及信息沟通工作等 4 个方面详细阐述了具体做法,开始深入探索如何建立涉医违法犯罪预防体系。

在上述持续治理政策的基础上,借鉴打击犯罪行为的司法政策,决策者采用了专项行动、严厉打击的新政策方法。为保障医务人员和患者人身安全,营造安全、有序的诊疗环境,促进社会和谐稳定,2016 年 6 月,国家卫生计生委等 9 部委发布了《关于印发严厉打击涉医违法犯罪专项行动方案的通知》,在全国范围内开展为期 1 年的严厉打击涉医违法犯罪专项行动。专项行动要求:

(一)依法严厉惩处涉医违法犯罪。严厉打击、依法严惩各类伤害医务人员人身安全、扰乱医疗秩序等涉医违法犯罪行为,始终保持打击的高压态势,坚决打击犯罪分子的嚣张气焰。一是公安机关要严格按照《公安机关维护医疗机构治安秩序六条措施》要求,切实加大查处打击力度。对医疗机构的报警求助要快速反应,果断处置,坚决制止,特别是对正在实施伤害医务人员行为的,必须采取果断措施坚决制止,必要时依法使用武器、警械;对非法携带管制器具进入医疗机构的,一经发现一律依法予以行政拘留;对殴打医务人员、严重扰乱医疗机构秩序的,必须依法予以治安管理处罚或者追究刑事责任,不得拖延、降格处理。二是人民检察院对伤医案件应当及时受理,加强与公安机关、审判机关的协作配合,快捕快诉。对重大涉医犯罪案件要及时介入侦查,引导取证。对有案不立、以罚代刑、重罪轻判等问题,应当依法监督纠正。三是人民法院应当及时审判,依法准确定罪量刑,对于犯罪手段残忍、主观恶性深、人身危险性大的被告人或者社会影响恶劣的涉医违法犯罪行为,要依法从严惩处,判决结果依法公开。四是各级卫生计生行政部门应当委托行业协会为医疗机构和医务人员依法维权提供法律援助。

(二)组织开展全面检查和重点抽查相结合的全国医疗机构安全大检查。各地要以督促落实安全防范措施和工作要求为重点,查缺补漏,开展医疗机构安全大检查。一是加强医疗机构安全防范能力建设。二是做好重点区域安全防护工作。严格落实病房、门诊、急诊等诊疗区域管理,设立专门人员负责诊区秩序管理,候诊区与诊疗区应当分区管理,有条件的医疗机构应当进行物理隔离;二级以上医院门急诊和病房的公共区域必须安装符合规定的监控设备,落实人防力量;重点加强急诊、夜间值班科室等重点部位的安全保卫工作,安排足够力量对急诊科实行不间断巡查守护。借鉴公共场所安保经验,在公安部门指导下,部分地区的重点医疗机构开展安检试点工作。三是健全重点人群的安全防范工作。医疗机构应当建立酒后、有滋事或暴力倾向、严重精神障碍患者等人群的就诊安全防范制度;对多次反映诉求,有过激行为或扬言暴力伤医的,以及有潜在暴力倾向的,医疗机构应当及时向公安等部门反映,相关部门应当及时依法处理,严防发生恶性案件。四是加强警医联动快速反应机制建设。公安机关、卫生计生行政部门应当指导医疗机构建立健全突发事件处理流程,二级以上医院应当组建应急安保队伍,确保发生警情时,现场有安保力量第一时间予以先期控制,防止事态升级。公安机关要选派优秀民警和辅警进驻医疗机构,加强对医疗机构安全工作的指导。全国创建"平安医院"活动工作小组进行实地抽查,抽查结果向全国通报。

(三)巩固构建和谐医患关系长效机制建设。重点强调了巩固"三调解一保险"(院内调解、人民调解、司法调解与医疗责任风险分担机制)长效工作机制。医疗机构应当完善投诉管理制度,畅通投诉渠道,规范投诉处理程序。要求各地进一步规范医疗纠纷人民调解工作,拓展医疗纠纷人民调解组织的覆盖面,不断提升调解水平,建立医疗纠纷人民调解的运行保障长效机制,全面推进人民调解和医疗责任保险有效衔接的工作模式。推进医疗责任保险向县域延伸,积极推行医疗意外险,不断扩大医疗风险分担机制覆盖面;保监部门应当指导承保机构创新服务模式,及时快速理赔,提高医疗保险服务满意度。

（四）做好宣传引导工作。一是加强正面宣传。组织新闻媒体广泛宣传医务人员救死扶伤的感人事迹，弘扬医疗卫生职业精神，大力宣传医改成效。二是开展群众喜闻乐见的科学就医宣传活动，宣传健康防病知识以及医学科学的局限性、风险性，提高人民群众健康素养，引导患者形成合理预期和科学有序就医。开展普法教育，提高医务人员和患者的法治意识。介绍医疗纠纷处理途径，引导群众依法维权。三是做好信息通报工作。医疗机构应当做好涉医案件信息发布预案，指定专职部门或专人负责媒体沟通。对于有较大影响的涉医案件，属地卫生计生行政部门、公安机关应当及时发布权威信息，有关部门要集中披露典型案例，发挥法治教育和警示震慑作用。涉医案件发生后，负责现场处置的公安机关应当及时将处置情况和下一步可能采取的处理意见通报事发医疗机构和同级卫生计生行政部门，医疗机构应当切实做好医务人员的情绪安抚和宣传解释工作。四是加强舆论引导。各地要把握正确舆论方向，及时研判和有效引导舆情，要严肃新闻纪律，确保相关报道客观准确。加强网络媒体规范和引导，充分发挥网络媒体受众面广、信息传播及时的优势，开展医患携手共同战胜疾病的报道，引导形成健康的舆论环境和理性的社会心态。该专项行动是2013年国家卫生计生委等11部委联合启动的维护医疗秩序打击涉医违法犯罪专项行动以来的第二次专项行动，在前有基础上不断细化专项行动方案，意在保持高压持续打击涉医违法犯罪，巩固已取得的成果。

2017年6月，国家卫生计生委、公安部、国家中医药管理局制定了《严密防控涉医违法犯罪维护正常医疗秩序的意见》（以下简称《意见》）。《意见》从充分认识维护正常医疗秩序的重要性、全面提升涉医违法犯罪案件防控能力和持续巩固打击涉医违法犯罪既有成效3个方面，在《治安管理处罚法》《中华人民共和国刑法修正案（九）》和创建"平安医院"活动等一系列意见、通知、措施和法律法规的基础上，再次强调要始终保持对涉医违法犯罪的严打高压态势。对伤医、闹医、辱医行为构成违反治安管理行为的，严格按照《治安管理处罚法》予以处罚；构成犯罪的，坚决依法追究刑事责任，同时提出了新的要求：一是医疗机构应当建立诊区管理制度，指定专（兼）职人负责门诊、急诊的诊区管理，实行全面开展实名制诊疗和住院患者探视实名登记制度，维护正常诊疗秩序。建立特殊人群就医接诊制度，遇有醉酒、精神或行为异常患者就诊，要安排保卫人员陪诊,一旦出现突发情况立即采取果断措施,确保医务人员及患者安全。二是公安机关应当在有条件的二级以上医院设立警务室并配备相应警力,警务室民警应当每天带领医院安保队伍在重点时段、重点区域进行巡查,及时查处违法犯罪,维护医院正常治安秩序。将治安状况相对复杂且不具备条件设立警务室的医疗机构列为巡查必到点,切实加强巡逻防控,积极防范、及时查处打击各类违法犯罪活动。三是卫生计生行政部门、公安机关应当将涉医违法犯罪行为人纳入社会信用体系,依法依规施行联合惩戒并通报其所在单位。卫生计生行政部门、公安机关应当建立涉医违法犯罪案件处置督办通报机制。涉医违法犯罪处置的考核评价工作由上级部门组织,并将医务人员、患者对维护医疗秩序工作的满意度纳入评价体系。《意见》要求将涉医违法犯罪行为人纳入社会信用体系,医院实行实名制诊疗和探视登记制度,结合警务室的设立,对主观有违法犯罪倾向的行为人将是一种有效的震慑,通过不断的实践和探索,涉医违法犯罪预防体系初步建立。

2014—2017年,中央各部委共发布了以上6个打击涉医违法犯罪,保障正常医疗秩序的意见、通知和措施;立法机构及时公布了《中华人民共和国刑法修正案(九)》,标志着医疗暴力行为正式被纳入刑法处罚范围,并且有明确的刑期。

上述不断出台的法律法规和政策,标志着我国医疗暴力治理政策在《医疗事故处理条例》《侵权责任法》《治安管理处罚法》的基础上不断进行调整和更新,尤其是《中华人民共和国刑法修正案(九)》的实施,对于打击"医闹"等医疗暴力违法行为由一般治安处罚可上升至刑期明确的刑事处罚阶段,体现出中央决策层对于打击"医闹"等违法行为、维护社会稳定的态度之坚决、果断。习近平总书记在2014年3月参加贵州代表团审议表示:"医闹"以及任何伤害医护人员的违法行为都要依法严肃处理;2015年,"温岭杀医案"凶手被执行死刑;2016年8月,习近平总书记在全体政治局常委出席的全国卫生与健康大会上强调:要严厉依法打击涉医违法犯罪行为,特别是伤害医务人员的暴力犯罪行为,保护医务人员的安全。此时,中央决策层不断表态,社会主流舆论、新闻媒体已由原来以抱怨、斥责医务人员的偏向性报道转变为能较为客观地分析、看待医疗纠纷的处理,以及在医疗卫生体制改革中存在的一些问题,并积极响应严厉打击暴力的政策主张。

第三节　医疗暴力治理政策变迁的特征及展望

一、医疗暴力治理政策变迁的特征

(一)从决策者主导型间断到参与式间断

我国特有的自上而下的层级性及推进—响应的行政生态体系,决定了在治理医疗暴力的公共政策决策中,中央决策层的宏观价值倾向扮演了重要角色。第一次医疗暴力治理政策间断主要是决策者主导的政策间断,主要是为了妥善解决医疗纠纷,遏制当时医疗纠纷迅猛的上升势头,政策出台前没有广泛面向社会征求意见,医务人员的诉求也无从表达,这有别于西方参与等方式的议程设置(如反对者进入议程、政策企业家游说等)。因此,中央决策层的宏观价值取向在我国医疗暴力治理政策变迁第一次间断过程中是更为主要的影响因素。第二次医疗暴力治理政策的间断,主要是因为医疗暴力事件的大量出现,医疗行业成为全社会关注的焦点,医务人员"白衣天使"的形象岌岌可危,社会道德和法律的底线一次次受到暴力的冲击,社会舆论反响强烈,要求改变政策现状的呼声日益高涨,终于促使中央决策层重新审视原有公共政策,对医疗暴力治理政策做出了重大改变。在第二次间断形成的过程中,互联网、新媒体等信息的传播方法日新月异,支持并促使了媒体关注和全民参与式讨论的发展,相关利益方除了在各级人民代表大会和政协会议上提交提案、在行业年会等正式的场合提出自己的诉求和看法外,更多采用了互联网、新媒体等表达和传播诉求的非正式方式,这成为我国医疗暴力治理政策变迁的中央宏观价值层面之外的又一关键驱动性因素。特别是自 2013 年以来,各种新政策的出台无一不伴随着社会重大事件的发生,焦点事件的发生能够迅速聚集公众的注意力,引起社交网络、主流媒体、政治精英和医疗行业等相关利益方的意愿表达,医务人员也可以通过政治会议正式表达,通过集会、新媒体信息的迅速传播等方式进行非正式表达。至此,我国公共政策变迁间断方式开始从决策者主导型政策间断逐渐向参与式政策间断转型。

(二)从单一决策场域到协同决策场域

医疗暴力发生的原因是复杂多样的,医疗暴力的解决也需要国家强力机构的配合保障实施。在一次间断前后,医疗暴力治理政策几乎全部都由单一的决策场域,如国务院、全国人民代表大会常务委员会等颁布,其行政级别虽然很高,但是主体单一。之后,2010 年出现由司法部、卫生部、保监会 3 部委联合发文的情况,2012 年公安部、卫生部联合发布了《关于维护医疗机构秩序的通告》。从第二次间断开始,大量出现了多部委联合发文的情况,其中由国家卫生计生委、公安部、中央综治办等 11 部委联合发布了《关于印发维护医疗秩序打击涉医违法犯罪专项行动方案的通知》,更是创下了联合发文部委数量的记录。与中央各部委联合发文相呼应的是,地方各级政府也相应出台了地方配套文件,并责成相关政府部门联合执行、落实中央颁布的医疗暴力治理政策。从医疗暴力治理政策变迁历程中可以看出,决策者主导型导致管理部门协同能力较强,政策场域中国家相关政府部门常常多部门联合发文,这是中国特色的重要优势,决策场域从只有国务院、全国人民代表大会发布法律条文到司法部、卫生计生委、保监会、公安部等多达 11 部门联合发文,政府相关部门的联合参与在医疗暴力治理政策的变迁中也发挥着至关重要的作用。至此,医疗暴力治理政策的变迁在决策场域中呈现出由单一到多个部门联合,中央、地方互相协同制定、实施为一体的政策体系。

(三)从过度保护单方利益到以维护公共利益为核心

从改革开放以来到 2002 年以前,医疗纠纷的数量随着经济社会的发展也呈现出迅速增长的趋势,一系列的医疗暴力事件迅速让医疗纠纷成了社会热点,医患矛盾被媒体炒作、放大。为了解决医患之间高度紧张的关系,国务院颁布并于 2002 年 4 月施行了《医疗事故处理条例》,同期最高人民法院发布《最高人民法院关于民事诉讼证据的若干规定》,其中因医疗行为引起的侵权诉讼,明确由医疗机构就医疗行为与损害结果之间不存在因果关系及不存在医疗过错承担举证责任,即通常所说的举证责任倒置。该规定明确了医疗机构举证的义务,增加了举证的难度,为患者降低了诉讼成本,具有明显的保护单方利益倾向。自《医疗事故处理条例》和《最高人民法院关于民事诉讼证据的若干规定》实施以来,医疗纠纷的数量并没有如决策层所预期的那样有所下降,医疗暴力事件反而愈演愈烈。在政策的间断均衡变迁中,中央决策层在综合考虑后,由多部委联合发文,加大了对医疗暴力的打击处罚力度,修正了举证责任倒置的举证规则,更好地维护了法律的公平正义。时至今日,这种高压态势仍然在持续,体现了中央决策层对于医疗暴力治理政策倾向的变化,由保护单方面利益上升到依法严厉打击医疗暴力、维护社会公平正义的阶段。至此,医疗暴力治理政策通过两次间断,其价值倾向由保护单方面利益上升至维护正常医疗秩序,维护社会公平正义。

二、医疗暴力治理政策的展望

我国医疗暴力的产生既包括体制、机制方面的原因,也包括法律法规的缺失、媒体对医疗行业的不客观报道等社会环境的影响。在改革开放和市场经济不断发展的过程中,国家对医疗暴力治理政策不断进行调整和改进,经历了激烈的间断和渐进式的均衡,其中立法支持保护医务人员、维护正常医疗秩序的经验非常值得借鉴,总体上体现出了公共政策的有效性和科学性。但毫无疑问,要解决医疗暴力,实质性的体制变革才是最根本的方略[①]。通过对具体的政策图景和政策场域、焦点事件等政策过程因素的分析,笔者认为,要做出科学有效的医疗暴力治理政策决策,可以在以下几个方面进一步予以完善和加强。

（一）继续增强政策制定、实施全过程的民众参与,避免形成封闭的政策场域体系

我国医疗暴力治理政策的参与式转型对形成科学决策大有裨益:加强民众

---

① 冯磊、侯珊芳:《医疗暴力防控的国际经验及其借鉴》,《医学与哲学》2015年第36卷第7A期,第60—62页。

参与能够避免产生封闭政策场域,加大信息公开力度可以解释政策间断的原因,减少误解,增加可接受度。未来应进一步加强医疗暴力治理决策参与机制的完善,既要拓宽参与渠道,也要提高参与的有序性、代表性、均衡性和全程性,既要避免某方强势利益表达,也要关注制定、实施、修正等政策全过程的参与效果。在决策中,应适当加强民众参与,继续加大信息公开力度,拓宽和规范民众参与途径,汇集各方信息和建议,对决策者意志主导的模式进行协调,共同推进政策的科学化和民主化①。在政策实施中,为提高政策效能,一方面,应充分对新医疗暴力治理政策予以宣传,如对于新发生医疗暴力事件的后续处理进行充分报道,包括刑事处罚和经济赔偿,在广大民众中形成较高的知晓度;另一方面,在逐步对医疗贿赂、过度医疗等医疗行业弊病予以革除的基础上,对医疗行业的特殊性和现代医学发展的局限性予以科学普及。最终,为有效参与决策以及政策后果的参与式理性反馈奠定认识基础。

(二)全面分析焦点事件在公共政策间断式变迁中触发作用的影响

从焦点事件的社会影响力,以及其与治理政策出台的时间紧密性,可以看出焦点事件在医疗暴力政策变迁的过程中具有重要影响力。全面分析焦点事件可以有效探寻其发生的体制、机制、客观环境等方面的深层次原因,做到客观、理性地看待和及时、有效地处理焦点事件,避免出现只关注焦点事件中弱势方的利益,而忽略了整个社会的公共利益的问题。如没有及时调整和纠正曾有的举证责任倒置的规定,忽略了医方利益。在焦点事件发生后,决策层的治理政策均能及时出台,但往往侧重于严惩,并由此延伸出台严打专项行动,带有比较明显的应急色彩。然而,严打政策虽然有助于维护公共秩序和公共场所的安全,却缺乏对妥善解决医患矛盾的具体关注,也未在根本上实现对医务人员个体安全的真正保障。现实中,已经出现了医务人员在医疗机构外遭遇暴力,或者被严厉处罚后的患方愤而采取更激烈举动的实例。因此,在严厉打击医疗暴力的同时应更加重视医患矛盾的化解,做到严厉打击和矛盾化解齐头并进,不

---

① 董宜芳:《我国公共议程设定中的民众参与分析》,《黑河学刊》2010年第12期,第59—60页。

能重打击而轻化解,强调治理政策及时性和有效性的同时注意长效机制的建立。只有这样,才能既达到严打的目的,又逐步缓解医患矛盾,有效化解医疗纠纷。

(三)清晰而细致的政策表达,不留旧政策的惯性空间,使新政策发挥出缓解矛盾的作用

在医疗暴力治理政策变迁过程中,由倾向保护单方面利益转向维护整个社会的公共利益,可能会在一定时期内受到旧政策惯性的影响,如公安、司法部门的"和稀泥",患者及家属无法适应新政策,转而采取其他伤害医务人员的方式,如在院外对医务人员进行人身攻击或骚扰等。因此,在新政策的发布和实施过程中,应注意以下两个方面的问题,一方面是加强舆论宣传,提高广大民众的参与意识,强调新政策与旧政策的区别,克服惯性思维,正确引导民众对新政策的认识;另一方面,应避免"换汤不换药"、没有实质变化的政策出台,同时消除旧政策的惯性空间和对新政策的不良影响。这就要求新的政策有更明确和具体的规定,如:国家将对职业"医闹"采取更明确的认定和打击,对医疗机构防暴措施实施不当的责任人、对执法不力的执法机构采取究责制度,严厉打击与调和化解的具体标准和措施及两者的结合方式等。只有这样,新政策才能不留旧政策的惯性空间,起到惩治暴力、化解纠纷、缓和矛盾的预期作用。

（冯磊、张锐）

第六章　医疗暴力的刑事司法应对

第一节　我国医疗暴力犯罪的刑事司法政策特征

当前我国并未形成完善的医疗暴力治理体系,在我国法律规范中,明确提出医护人员权益及其保障的有《侵权责任法》《执业医师法》《治安管理处罚法》《医疗事故处理条例》等。上述法律从民事责任、行政责任和刑事责任等方面对施暴者应承担的法律责任做出了规制,但是存在条文规定太过原则、处罚力度不够、法律规范之间不配套等问题。目前,我国有针对性地对医疗暴力行为进行处理的是原卫生部、公安部、最高人民法院、最高人民检察院等部门的政策文件、指导意见、司法解释、行动方案等。1986—2016 年,我国关于打击涉医违法犯罪行为的文件共计 11 部。

有关维护医疗机构秩序的专门文件大致可以追溯到 1986 年由原卫生部与公安部联合发布的《关于维护医院秩序的联合通告》。这一通告折射出医疗暴力并非个案,现在我们所见到的各种暴力行为,如打砸医院、殴打和污辱医务人员等,在当时都已出现①。上述通告强调,"对寻衅滋事、打砸医院、殴打和污辱医务人员的人",公安机关应给予治安处罚,甚至追究其刑事责任。这就要求公安机关对发生在医院工作场所的暴力行为应及时出警,并采取相应的处置措施,平息相关纠纷和控制事态的恶化发展。然而,公安机关在处置医患冲突和暴力事件中的角色和作用远未达到医疗机构和医务人员的期望,甚至有的医疗

---

① 姚泽麟、赵皓玥、卢思佳:《医疗领域的暴力维权及其治理——基于 2002—2015 年媒体报道的内容分析》,《社会建设》2017 年第 4 卷第 1 期,第 30 页,第 49—63 页。

机构对公安机关在处置"医闹"事件中的"消极不作为"或"软弱态度"十分不满，认为这在某种程度上助长了闹事者和施暴者的气焰。相关调查也表明，在医院发生医疗纠纷后，仅有28％的公安机关积极帮助医院平息事态，而有70％的公安机关处在不积极作为状态[①]。

2000年以来，我国医患关系不断恶化，矛盾日益复杂，冲突日趋激烈，医疗暴力频繁发生，其中恶性暴力伤医事件在2012年成为舆论关注的焦点。在此背景下，相关部门以前所未有的力度强化了对医疗暴力行为的打击和惩处力度，其特征包括以下3点：强调和重申维护医疗机构秩序；强调警医联动；依法严惩涉医违法犯罪行为。

一、强调和重申维护医疗机构秩序

主要是由卫生部门和公安部门通过发布公告、通知等方式向社会公开政府部门维护医疗秩序的决心，督促医疗机构和相关职能部门采取切实措施维护医疗秩序，确保医护人员的人身财产安全。

二、强调警医联动

在10部关于打击涉医违法犯罪行为的文件中，有9部提及公安部门在医疗暴力事件中的作为，其中明确提出建立健全"警医联动机制"的有4部。这些文件要求卫生行政部门、医疗机构及公安部门在医疗暴力的防范和处理中应采取以下措施：一是加强治安防控工作，如设立警务室（三级医院必设，二级医院有条件的要设）和按要求巡逻，配备和指导保安员，警医共同开展纠纷摸排和安全监督检查。二是建立突发事件快速反应机制。如公安机关指导医疗机构完善治安突发事件应急处置预案并开展演练等。三是加强信息沟通。四是发生医疗暴力事件时报警、出警皆应及时。五是公安机关在处理医暴事件时应依法果断制止，当场查证。

---

① 刘俊、刘悠翔：《中国医疗暴力史》，《南方周末》，2013年11月7日，第A1版。

三、依法严惩涉医违法犯罪行为

针对医疗暴力事件的多发性和危害性,刑事司法政策也逐步趋于严厉,不仅司法机关强化了对涉医违法犯罪行为的惩处力度,有关涉医犯罪行为的定罪量刑和法律适用等疑难问题也得以明晰。

(一)"医闹"入刑

2015年8月,全国人大常委会第十六次会议颁布的《刑法修正案(九)》在"聚众扰乱社会秩序罪"中增加"医疗"二字,从而将"情节严重,致使医疗无法进行,造成严重损失的"严重"医闹"、医暴行为纳入该罪。

(二)提供对涉医违法犯罪行为处罚的法律依据

2014年4月,最高人民法院、最高人民检察院等5部门联合发布《关于依法惩处涉医违法犯罪维护正常医疗秩序的意见》(以下简称《意见》),明确了"故意伤害医务人员身体、故意损毁公私财物"等6类常见医疗暴力行为的法律适用,提供了处罚的法律依据,以"解决实践中比较突出的打击不力、怠于执法的问题"。随后,为便于司法实践中准确理解和适用该《意见》,最高人民法院通过发布《〈关于依法惩处涉医违法犯罪维护正常医疗秩序的意见〉的理解与适用》(以下简称《意见2》),对《意见》的制定背景、起草思路和主要内容进行了说明。

(三)开展严厉打击涉医违法犯罪专项行动

我国于2013年12月和2016年7月分别开展了为期一年的维护医疗秩序打击涉医违法犯罪专项行动。专项行动的开展,主要受到当年恶性伤医事件频发的影响。2013年,根据新华网、人民网、凤凰网、新浪、腾讯等全国性权威媒体报道的近60起暴力伤医事件,其中在全国影响较大的伤医暴力案件有16起,如震惊全国的"浙江温岭杀医案"就发生在这一年。2016年,部分地方相继发生伤害医务人员案件,造成了恶劣社会影响,如陈某某医生在家中被病人砍杀致死一案就发生在这一年。在专项行动中,公安机关、人民检察院、人民法院、各级卫生计生行政部门等采取高压态势,依法严厉惩处涉医违法犯罪。其后,各部门按专项行动要求展开整治工作,如在河北衡水李某暴力伤医案中,最高人民检察院侦监厅将此案作为打击涉医违法犯罪专项行动的重点案件予以督办。

(四)通报典型案例,在提供司法指导的同时起到警示作用

2015 年 5 月 26 日,最高人民法院在其官网发布了 4 起涉医犯罪典型案例,公布了案件的基本案情和裁判结果,为各级法院审理同类案件提供了重要指导。原国家卫计委也于 2016 年 7 月发布了 10 起涉医犯罪典型案例,包括寻衅滋事案 4 起、聚众扰乱社会秩序案 3 起、故意伤害案 2 起、故意杀人案 1 起。最高人民检察院于 2016 年 10 月发布了 12 起检察机关服务健康中国建设典型案例,其中 2 起为暴力伤医案。最高检在公布基本案情的同时,说明了其意义所在。

综上可见,我国医疗暴力犯罪的刑事司法政策经历了由宽松到严厉的变迁。一方面,这是刑事司法对日益恶化医患矛盾和暴力化医患交涉所做出的回应;另一方面,对医疗暴力的治理仍然沿袭事后惩处、运动式治理模式的传统思维。从短期看,运动式的治理模式在短期内能起到一定的效果,但作为治本方法,其长期效果往往不容乐观。如何实现对医疗暴力行为的长效治理,尤其是在源头上化解医疗暴力的滋生土壤,恐怕仅仅依赖严打式的刑事司法政策是无法达成的。

第二节　医疗暴力犯罪刑事处罚的实证分析

通过对涉医犯罪刑事案件相关判决书的总结分析,一方面可以管窥当前医疗暴力所呈现的特点,另一方面可归纳总结当前法院对涉医违法案件在定罪量刑、法律适用等方面所具有的规律和存在的问题。笔者通过检索中国法律裁判文书网,收集与医疗暴力有关的裁判文书共计 169 件,根据研究目标,设定了 23 个内容分析的变量,利用统计软件 SPSS21.0 对判决书所涉及的医疗暴力案件所呈现的基本特点进行了系统分析,包括施暴者特征、暴力行为的时空分布、暴力形式、后果、受害者特征及罪名分布、量刑等。

一、罪名分布

所收集的 169 起案件,除了 1 起是无罪判决之外,其他都是有罪判决,所涉及的罪名主要包括故意伤害罪、故意杀人罪、聚众扰乱社会秩序罪、寻衅滋事罪、敲诈勒索罪和其他罪名。其他罪名中,放火罪 7 起,主要是因被告人对治疗效果不满,为报复或泄私愤而在医疗机构内纵火,严重危害公共安全而构成本罪。爆炸罪 4 起,都是因医疗纠纷而试图在医院内引爆液化气罐或自制爆炸装置,从而构成爆炸罪(未遂)。故意毁坏财产罪 3 起,都是因近亲属在治疗过程抢救无效死亡或意外死亡后,被告人打砸医院造成医院财产损失严重。聚众冲击国家机关罪、聚众扰乱交通秩序罪各 2 起,投放虚假危险物质罪、以危险方法危害公共安全罪各 1 起。

此外,还有部分医疗暴力案件判处的罪名是妨碍公务罪。一般都是在发生医疗纠纷后,被告人聚众在医院内滋事闹事、扰乱医疗秩序,公安机关在出警处置过程中,被告人采取撕扯、拳打脚踢、殴打等暴力方法阻碍民警依法执行公务,导致公务无法进行和民警受伤,从而构成妨碍公务罪。考虑到这一罪名的侵害客体是公安机关的公务活动,且侵害对象为警察,而非直接针对医疗机构或医务人员,因而没有被纳入本书的统计范围。

在医疗暴力案件中,患者及其近亲属非法限制医务人员人身自由的事件也时有发生,但笔者未检索到以非法拘禁罪定罪的案件,但在若干判处寻衅滋事罪和聚众扰乱社会秩序罪的案件中,实际上将非法拘禁行为视为寻衅滋事或扰乱社会秩序的情节之一。就笔者所收集的案例,其罪名构成如表 6-1 所示。

表 6-1　施暴者定罪统计表

罪　名	频　率	百分比(%)
聚众扰乱社会秩序罪	44	26.0

罪　名	频　率	百分比(％)
故意伤害罪	46	27.2
故意杀人罪	13	7.7
寻衅滋事罪	38	22.5
敲诈勒索罪	7	4.1
其他罪名	20	11.8
不构成犯罪	1	0.6
总　计	169	100.0

司法实践中,构成聚众扰乱社会秩序罪、寻衅滋事罪的案件数量较为可观,本研究并未能全部收集。其次是故意伤害罪,主要表现为患方以肢体、刀斧、棍棒等殴打、砍杀、击打医务人员,从而造成人身伤害、健康损害。可能是不少裁判文书未能上传,笔者未能检索到媒体广泛报道的一些杀医案,但也收集到 13 起构成故意杀人罪的杀医案。通过对这些案件的分析可见,患方行凶方式包括持刀捅刺①,持刀砍杀②,斧头砍杀③,棍棒击打④,爆炸⑤,对被害人泼洒汽油并点燃焚烧⑥等。

二、刑罚

就刑罚而言,多数案件的被告人被判处有期徒刑,所占比例为 78.1％,被告人被判处无期徒刑的案件有 4 起。判处死刑的案件共有 7 起,其中 4 起为死刑

---

①　如连某某故意杀人案,中华人民共和国最高人民法院死刑复核裁定书;朱某某故意杀人案,四川省高级人民法院裁定书,(2014)川刑终字第 77 号。

②　如彭某某犯故意杀人案,安徽省合肥市中级人民法院判决书,(2013)合刑初字第 00089 号。

③　如王某某故意杀人案,中华人民共和国最高人民法院裁定书。

④　如唐某某故意杀人案,重庆市第五中级人民法院判决书,(2008)渝五中刑初字第 18 号。

⑤　如汪某某故意杀人案,安徽省高级人民法院刑事裁定书,(2016)皖刑终 404 号。

⑥　如谢某某犯故意杀人案,四川省高级人民法院裁定书,(2014)川刑终字第 624 号。

立即执行,3 起为缓期两年执行。就死刑案件涉及的罪名来看,5 起是故意杀人罪,2 起为故意伤害罪,未见其他罪名被判处死刑,如表 6-2 所示。可能是考虑到在医疗机构内扰乱公共秩序类犯罪的特殊性,如案件往往事出有因,医疗机构往往存在一定的过错,被告人认罪态度较好,以及再犯可能性极小等,被告人被判决扰乱社会秩序罪、寻衅滋事罪等罪名的,量刑一般在 3 年以下,缓刑比重较高。

表 6-2　施暴者受刑统计表

量　刑	频　率	百分比(%)
信息缺失	3	1.8
死　刑	7	4.1
无期徒刑	4	2.4
有期徒刑	132	78.1
管制、拘役	18	10.6
其他方式	4	2.4
不构成犯罪	1	0.6
总　计	169	100.0

三、施暴者(被告人)特点

被告人以一名或多名男性为主,所占比重高达 72.8%,只有 10.7% 的案件的被告人是女性,而多名男女共同实施医疗暴力犯罪行为的共有 8 起。其中 46.7% 的案件施暴人为 1 人,52.7% 的案件施暴者为多人①,其中 20 人以上的案件所占比例达 7.1%,如表 6-3 所示。

表 6-3　施暴者性别统计表

性　别	频　率	百分比(%)
信息缺失	20	11.8

---

① 这里所说的施暴者既包括被告人,也包括被告人以外参与实施暴力行为的其他人。

续　表

性　别	频　率	百分比(%)
男	123	72.8
女	18	10.7
有男有女	8	4.7
总　计	169	100.0

如表6-4所示,施暴者年龄(多名被告人的,以第一被告为准,且以犯罪行为实施时为计算基准)以30—49岁居多,而50岁以上的所占比例极低,只有8.3%。

表6-4　施暴者年龄统计表

年　龄	频　率	百分比(%)
年龄不详	65	38.5
18—29岁	19	11.2
30—49岁	71	42.0
50—59岁	8	4.7
60岁及以上	6	3.6
总　计	169	100.0

如表6-5所示,多数施暴者的文化程度较低,高中以下的占比为47%,如果剔除年龄缺失的案件,高中以下文化程度的施暴者所占比例高达95%,专科以上学历的施暴者仅有4人。

表6-5　施暴者文化程度统计表

文化程度	频　率	百分比(%)
信息缺失	85	50.3
本科及以上	2	1.2
专　科	2	1.2
高中或中专	14	8.3
初　中	46	27.2

续　表

文化程度	频　率	百分比（%）
小学及以下	20	11.8
总　计	169	100.0

如表 6-6 所示，就职业而言，施暴者以农民和无业者为主，所占比例达到 51.5%，其他职业人群所占比重极小。

表 6-6　施暴者职业统计表

职　业	频　率	百分比（%）
信息缺失	67	39.6
公务员及事业单位	2	1.2
企业职工	5	3.0
农民或农民工	58	34.3
企业主、个体工商户	5	3.0
无　业	29	17.2
退　休	3	1.8
总　计	169	100.0

如表 6-7 所示，在 169 份判决书中，认定施暴者患有精神疾病的仅 9 人，所占比重为 5.3%，且均为限制刑事责任能力，而施暴者在实施医疗暴力时有酗酒、饮酒或吸毒行为的，也仅有 6 人。这一结果明显低于现有研究[1]，可能的原因是有罪判决中排除了无刑事责任能力的精神病人。

表 6-7　施暴者精神生理状态统计表

精神生理状态	频　率	百分比（%）
正　常	154	91.1

---

[1] 赵敏、姜锴明、杨灵灵等：《暴力伤医事件大数据研究——基于 2000 年—2015 年媒体报道》，《医学与哲学》2017 年第 1A 期，第 89—93 页。

续　表

精神生理状态	频　率	百分比(%)
精神疾病	9	5.3
酗酒(饮酒)	4	2.4
吸　毒	2	1.2
总　计	169	100.0

第三节　医疗暴力犯罪的司法认定

实践中,医疗暴力犯罪行为的形态、方式众多,涉及刑法罪名多样,罪与非罪、此罪与彼罪的界限模糊,医疗暴力行为的定罪量刑成为刑事司法实践中难以把握的问题,这也在一定程度上制约了对这类犯罪行为的惩处。近年来,多地相继发生暴力杀医、伤医以及在医疗机构聚众滋事等违法犯罪行为。此类恶性案件严重扰乱了正常医疗秩序,侵害了医务人员的合法利益,也引发了社会的广泛关注。在此背景下出台的《意见》及最高院发布的《意见2》,成为当前医疗暴力犯罪司法认定的重要依据。

一、故意杀人罪的认定

以暴力方式故意剥夺医务人员的生命权是最为严重的医疗暴力行为。从实践看,采取暴力方式剥夺医务人员生命的方式诸多,最为常见的方式包括:持刀捅刺、持刀砍杀、斧头砍杀、棍棒击打、爆炸、对被害人泼洒汽油并点燃焚烧等。就主观目的而言,行为人往往出于报复、泄愤之目的,以暴力方式故意杀害经治医生或其他相关医务人员。

在医疗暴力领域,故意杀人罪的认定一般不存在较为突出的疑难问题。相对棘手的问题是如何区别此罪与故意伤害罪。区分上述两罪的关键在于行为人主观意愿,其是故意杀人,还是故意伤害。故意杀人罪中行为人的主观目的是希望或放任他人的死亡,而故意伤害罪中行为人只有伤害的故意,而对死亡结果存在过失。除了探究行为人的主观目的之外,还应综合考虑行为人的动机、行凶强度、打击部位、事发原因、行凶手段等主客观因素进行判断,如针对受害人要害部位的打击致使死亡的,一般可以认定其为具有杀人故意;同样,行为人下手凶狠、凶器危险性大,成立杀人故意的可能性也就更大。如高某某故意杀人和故意伤害案中,就同时存在故意杀人和故意伤害两种情形①。

2006年11月29日,被告人高某某的儿子高某因患病到天津市宁河县桥北卫生院银河花园卫生服务站从业人员廉某某处治疗,后双方产生医患纠纷。2008—2014年,被告人高某某先后对廉某某、宁河县桥北卫生院、宁河县医院提起民事诉讼,该案经审理,法院判决驳回原告高某的诉讼请求。被告人高某某遂心生怨恨,伺机报复想要杀害廉某某。2014年12月29日20时许,被告人高某某经过事先勘察,携带准备好的折叠刀,戴手套和口罩,来到廉某某经营的社区卫生服务站,捅刺廉某某的胸部、腹部、背部等多处,又将制止其捅刺行为的被害人于某某的头部扎伤,后逃离现场。法院认为,被告人高某某的行为已构成故意杀人罪(未遂)、故意伤害罪。

又如邓某某故意杀人案中,被害人虽经及时抢救保住性命,但邓某某在行凶过程中下手凶狠,持折叠刀连续捅刺被害人叶某乙的颈部等要害部位,造成被害人颈前肌肉断裂、颈前静脉断裂、甲状腺裂伤、胸部创口胸壁贯穿伤、血气胸、失血性休克。故法院认定邓某某具有杀人的主观故意②。再如,彩某某杀人案中,彩某某在"某医二附院"住院治疗期间,对该医院医护人员产生了猜疑和报复心理,遂持菜刀向该院护士长戴某某颈部连砍两刀,后戴某某经抢救无效死亡。砍杀戴后,彩某某又持菜刀追砍护士刘某戊,伤及其后颈部,并砍伤前来制止其行凶的医护人员王某甲、闵某乙、黄某甲。经鉴定,戴某某系被锐器砍击枕颈部致高位颈髓不全离断合并左椎动脉破裂急性大出血死亡。彩某某在此案中针对受害人要害部位打击致其死亡,且下手凶狠,法院认定其行为系故意杀人罪③。

例如,唐某某故意杀人案中,被告人唐某某因胃痛到李某处治疗,后唐某某

---

① 天津市宁河县人民法院刑事附带民事判决书,(2015)宁刑初字第124号。
② 浙江省台州市中级人民法院刑事附带民事判决书,(2013)浙台刑一终字第259号。
③ 安徽省合肥市中级人民法院刑事附带民事判决书,(2013)合刑初字第00089号。

经常背痛,认为自己在治疗时被李某点了穴位,多次找李某解决未果。2007 年 8 月 3 日,被告人唐某某持竹棒找到李某,要求解决此事。李某未予理睬,唐某某遂持竹棒打击李某头部致其倒地后,又用竹棒连续殴打李某的头面部、胸腹部、背部等部位,致使李某当场死亡。在案件审理过程中,辩护人认为被告人应以故意伤害罪定性,但法院认为,被告人唐某某持竹棒打击李某头部致李某倒地后,又持竹棒继续对李某头面部、胸腹部、背部等处进行打击,致李某当场死亡,其打击的是人体要害部位,且将竹棒打裂,足见其打击力度之大,反映其主观上具有剥夺他人生命的故意,其行为符合故意杀人罪的构成要件①。从本案看,被告人事先准备竹棒与被害人进行交涉,尽管无法判定被告人事先是否具有杀人预谋,但是其用竹棒对被害人要害部位进行打击,且出手重、力度大,在被害人倒地后仍没有停止其行为,可见其对被害人死亡的后果至少持放任的心态,因而具有杀人故意,应构成故意杀人罪。

　　同样,在陈某某案中,陈某某因认为医生对其不负责任用错了药,从而产生杀医泄愤的想法,陈某某用水果刀将被害人捅伤后,又用凳子砸向被害人头部,致被害人重伤二级。对于辩护人提出的故意伤害罪的辩护意见,法院认为并不成立:(1)从案件起因和犯罪动机看,被告人陈某某与被害人并不相识,也未产生任何冲突,但认为医生对其不负责任用错了药,而产生杀医泄愤的想法,说明被告人主观上有杀人的故意;(2)从犯罪预谋和准备看,被告人在案发前到超市购买了一把新刀,刀刃长达 12 厘米,且存在小刀换长刀、换快刀的情节,同时买了一包卫生纸,将刀具拆开包装后藏于卫生纸中,后又将刀具藏在腹部绷带内,可见其是经过认真思考和周密准备的;(3)从行凶部位和打击力度看,案发当日,被告人右手持刀直接刺向被害人左腹部,朝被害人要害部位行刺,且刀柄与刀刃当场断裂,足见有一定的打击力度;(4)从犯罪行为节制程度看,被告人在刀刃断裂之后,不但没有停止犯罪行为,反而将手中刀柄砸向被害人,接着举起不锈钢圆凳砸向被害人头部,是其丈夫及时赶至现场抢下凳子;(5)从犯罪后的态度和一贯表现看,被告人犯罪后自己打电话报警,表现平静,坦言"人是我杀的",被告人平时脾气倔强,性格多疑,在案发前情绪不太稳定,存在杀人的企

---

① 　重庆市第五中级人民法院判决书,(2008)渝五中刑初字第 18 号。

图;(6)从作案时间、地点、环境看,被告人选择作案时间为清晨,地点为病房对面的妇科护士站,相对于上班时人来人往的工作环境,更容易实施犯罪。因此,法院认定陈某某在主观上有故意杀人的动机,客观上持刀捅伤被害人后,又用凳子砸向被害人头部等一系列行为,证实被告人的行为符合故意杀人罪的构成要件,其行为已构成故意杀人罪(未遂)①。本案中,法院从被告人的动机、预谋行为、行凶部位、打击力度、作案时间、地点、环境等因素认定其主观上具有杀人故意,故构成故意杀人罪。

此外,对于行为人在医疗机构内采取爆炸、放火等手段杀害或伤害医务人员的,还需要区分故意杀人罪与爆炸罪、放火罪等危害公共安全犯罪的界限。尽管两者都是以杀人为目的,且客观上都表现为用爆炸、放火等方法致人死亡,但其侵害客体、对象和客观方面不尽相同。如果行为人利用放火、爆炸等方式杀害特定个人,且结果只危害到特定人的生命安全,就只能定为故意杀人罪;相反,如果行为人不仅是为了将特定人杀害,还危害到不特定多数人的生命、健康权利,则应认定构成爆炸罪或放火罪。

在谢某某故意杀人案中,被告人谢某某认为牙齿被万某某治坏了,遂生报复之心,于2013年2月16日上午将汽油泼洒到万某某身上,点燃万某某身上的汽油后逃离现场,从而致万某某全身大面积烧伤,经鉴定构成重伤。法院认为,谢某某为报复万某某,用汽油泼洒万某某并点燃焚烧,致万某某全身起火后,应当预见其损害后果发生的可能性和必然性,谢某某非但不予施救,反而逃离现场,表明谢某某对可能导致被害人非死即伤的后果持放任的态度,其行为应被认定为故意杀人罪②。本案中,被告人系针对特定人纵火,致被害人严重烧伤,并未危害其他不特定人的人身财产安全,应定故意杀人罪。

同样,汪某某故意杀人案中,被告人因其子在医院跳楼自杀身亡且要求医院赔偿未果的情况下,产生报复泄愤想法,于2015年8月19日上午将一小炸炮投入被害人驾驶的小轿车内,将被害人炸成重伤。法院审理认为,被告人知道爆炸物的威力,仍实施爆炸,其行为系针对特定的人,且心理上积极追求被害

---

① 安徽省安庆市迎江区人民法院判决书,(2015)迎刑初字第00020号。
② 四川省高级人民法院裁定书,(2014)川刑终字第624号。

人死亡,应构成故意杀人罪[①]。

答某某案中,被告人因其母亲从宝鸡市中心医院出走后死亡,从而认为医院没有尽职尽责,遂对医院产生报复想法。2016 年 3 月 14 日晚,被告人携带装有汽油的塑料桶来到宝鸡市中心医院,在外科楼尾随该院护士李某进入医用电梯,在电梯间答某某对李某进行殴打并将汽油泼洒在李某身上,未及点燃汽油时被闻声而来的群众和医护人员制服,后被移交公安机关[②]。本案中,尽管被告人针对受害人李某泼洒汽油并试图点燃,但其目的不仅仅是伤害被害人的人身健康,更重要的是报复医院,且在公共场所内的放火行为直接危害到公共安全,应构成放火罪。

陈某案中,被告人陈某因在某诊所治疗后自觉手上有臭味,遂多次找到该诊所要求解决问题。2016 年初,被告人陈某认为诊所未解决其问题,遂准备了 30 元的汽油及 10 元酒精,欲到该诊所放火。同年 2 月 25 日早上 8 时许,被告人陈某携带汽油、酒精到前述诊所对面拉上横幅,然后手拿酒精瓶走向诊所,在与诊所工作人员对话后,将酒精瓶点燃投向该诊所,瓶子撞击到诊所大门反弹至地上燃烧,诊所工作人员周某某当即将被告人按住不让其起身[③]。陈某以放火的方式危害公共安全,其目的是报复医院,其行为虽未造成严重后果,但已构成放火罪。

二、故意伤害罪的认定

故意伤害医务人员的人身健康是医疗暴力最为常见的方式,如果造成医务人员人身健康严重损害或情节严重的,则构成故意伤害罪。实践中,对医务人员的暴力伤害行为方式多样,如拳脚殴打、棍棒打击、刀砍、捅刺等。

(一)罪与非罪

人身伤害行为是构成犯罪还是仅构成一般违法行为,区分的关键在于是否造成严重后果,情节是否恶劣、严重。具体而言,严重后果是指造成医务人员轻伤以上后果。

---

① 安徽省高级人民法院刑事裁定书,(2016)皖刑终 404 号。
② 陕西省宝鸡市中级人民法院刑事判决书,(2017)陕 03 刑终 65 号。
③ 重庆市渝中区人民法院刑事判决书,(2016)渝 0103 刑初 641 号。

(二)故意伤害罪与寻衅滋事罪的区别

根据刑法第二百九十三条的规定,随意殴打他人,情节恶劣的,可构成寻衅滋事罪。然而,殴打他人的行为也可能构成故意伤害罪。同时,寻衅滋事中殴打他人致人人身健康严重损害的,其定性也经常存在争议,其关键就是如何区分故意伤害罪和寻衅滋事罪。一般认为,认定寻衅滋事罪中的"随意"不能从目的、动机或引起行为的事由单方面来判断,应将两者结合起来,从主观和客观方面综合进行认定[①]。一是动机,行为人基于打人取乐发泄或者显示威风、无端寻衅之动机而实施犯罪。二是行为人是否临时起意。一般而言,寻衅滋事时行为人并不是出于蓄谋,而是具有一定随意性。三是殴打他人不具有因果关系。实践中,行为人和被害人发生的矛盾和纠纷与殴打他人的结果在社会公众看来不具有因果关系,对这一社会评价标准,可参考"双重置换规则"。四是殴打他人的对象。故意伤害一般针对特定的当事人,且行为人与被害人之间往往存在一定的关系,如事先存在矛盾、纠纷等;而寻衅滋事的对象一般要求针对不特定的对象,当事人之间一般不存在特定的关系。

《意见2》对殴打医务人员致1人以上轻伤的究竟构成故意伤害罪还是寻衅滋事罪做出了说明,认为应根据《最高人民法院、最高人民检察院关于办理寻衅滋事刑事案件适用法律若干问题的解释》(以下简称《寻衅滋事解释》)的第一条有关规定,结合实际情况进行分析判断,认为一般情况下借故生非殴打医务人员的,应当认定为"寻衅滋事";殴打相对特定的医务人员的,一般不认定为"寻衅滋事"。如郭某某、郑某某一案,被告人郭某某、郑某某一起喝酒时郑某某手部受伤,两人到某市医院住院部七楼治疗。在被害人姚某某(值班医生)为郑某某检查时,被告人郭某某、郑某某以医生弄疼为由无故辱骂并殴打被害人姚某某,被害人马某某(值班护士)在劝说时也被殴打致伤,郭某某、郑某某在殴打医护人员的过程中将医院花瓶及其他物品损毁。法院认为,被告人郭某某、郑某某酒后滋事,随意辱骂、殴打致伤医护人员,情节恶劣,其行为已触犯刑律,构成寻衅滋事罪。

而在郭某某案中,被告人郭某某因其子高烧而带其到某市妇婴医院治疗。在该院的九楼住院部,郭某某因不满护士马某某给其子的埋针位置,遂用拳脚

---

① 何庆仁:《寻衅滋事罪研究》,《中国刑事法杂志》2003年第4期,第54—61页。

殴打马某某,致使马某某左眼受伤,其伤情经鉴定为左眼眶内壁、下壁骨折轻伤一级。被告人的行为系事出有因,即不满护士马某某的医疗行为,伤害行为系针对马某某这一特定的对象,故此案明显构成故意伤害罪而非寻衅滋事罪①。

如陈某某案中,被告人陈某某因其岳父手术后病情恶化,经被害人王某某等人抢救后无效死亡,被告人与亲属数十人以医生护士在病人手术后不管事为由,到骨科办公室(王某某办公室)讨要说法,吵闹中有人喊"把医生打两下算了",陈某某等人就打砸办公室的东西,被告人陈某某手持一把木椅子砸向王某某,王某某用左手去挡,导致骨折。同时,其他人将医院一台阅片机、一台便携式多参数心动监护仪、一台电脑显示器、一台电话机、两块窗户玻璃砸毁。经鉴定,王某某的伤构成轻伤,十级伤残,某县人民医院被砸毁的物品价值人民币5590元。一审判决认为,被告人在医疗纠纷没有通过正当途径处理的情况下,随意毁损医院财物,打伤医护人员,并致被害人王某某轻伤并十级伤残,其行为已构成寻衅滋事罪。二审法院认为,该案系医患纠纷引起,事出有因,不符合寻衅滋事的犯罪构成要件,原判适用法律错误。陈某某在发生医患纠纷伙同他人在医院闹事的过程中,持椅子致被害人王某某轻伤,其行为构成故意伤害罪②。本案中,被告人并非出于寻求刺激、发泄情绪、逞强耍横等目的,而是因医疗纠纷在与被害人"讨说法"的过程中,将作为主治医师的被害人打伤,并非随意殴打无关人员,系伤害特定的当事人,应认定构成故意伤害罪。

三、聚众扰乱社会秩序罪的认定

(一)构成要件

根据《刑法》第二百九十条的规定③,聚众扰乱社会秩序罪的构成要件包括:

---

① 辽宁省锦州市古塔区人民法院刑事判决书,(2017)辽0702刑初33号。
② 永州市中级人民法院刑事判决书,(2011)永中刑一终字第120号。
③ 《刑法》第二百九十条第一款:聚众扰乱社会秩序,情节严重,致使工作、生产、营业和教学、科研、医疗无法进行,造成严重损失的,对首要分子,处3年以上7年以下有期徒刑;对其他积极参加的,处3年以下有期徒刑、拘役、管制或者剥夺政治权利。

(1)本罪的客体是社会管理秩序①。(2)客观要件。首先,"聚众"是指纠集、召集多人,按照汉语词源的理解,"三人为众"。因此,聚众就是纠集或召集 3 人以上。聚众是本罪的预备行为,只有聚众而没有扰乱的,成立本罪的预备而非未遂②。情节严重是指扰乱时间长,救济人数多,造成恶劣影响等。其次,行为人扰乱社会秩序的行为必须造成严重损失。扰乱是对社会秩序和社会心理的干扰与骚扰,使社会秩序从有序变为无序、从连续性变为间断性。扰乱的方式众多,大致可分为暴力性扰乱和非暴力性扰乱。如杨某甲等一案中,三被告及其他人对门诊楼摆设花盆及凳椅、玻璃进行打砸,并使用花盆及盆栽碎片砸挂号窗口、诊室门等物品,还砸坏玻璃电梯门,这些行为即为暴力性扰乱③。如温某辉等一案中,三被告采用聚众封堵医院大门、控制医院门诊大楼出入口、限制医务人员出入等行为向医院施压,其行为即为非暴力性的④。对于是否造成"严重损失",法院一般是从多方面来进行综合考量的,如白某某一案中,被告人白某某的辩护人提出白某某的行为未造成"严重损失"等辩护意见。法院经审理后认为,被告人白某某的行为使医患无法正常入、住院诊治,给医院造成了经济损失;同时,因聚众人数多,扰乱时间较长,设置灵堂、摔砸装粪便的瓶子、打砸救护车辆,严重扰乱医疗秩序,给医院声誉造成恶劣影响,从白某某造成的物质损失、精神损失方面综合考虑,应认定为造成严重损失⑤。同时,本罪要求聚众扰乱行为必须造成严重损失,如导致生产、经营等部门较长时间不能生产或营业,导致教学、科研、医疗部门不能正常进行教学、科研和医疗工作。(3)本罪的主体是一般主体,且仅限于"聚众"的首要分子和其他积极参加者。如在李某超等三人一案中,虽参与聚众闹事的人并不止被告三人,但"被告人李某超将堂兄弟出资的 5000 元作为费用,分两次付给被告人李某青,并在现场帮忙放置花圈、张贴大字报等。被告人李某青帮忙联系帐篷、乐队并具体负责各项开支。被告人白某龙和李某超的多位亲属多次在焦村镇卫生院办公楼内及病区其他地方

---

① 陈兴良:《罪名指南(下册)》(第二版),中国人民大学出版社 2008 年版,第 51 页。
② 李永升:《侵犯社会法益的犯罪研究》,法律出版社 2014 年版,第 330 页。
③ 浙江省金华市永康市人民法院刑事判决书,(2015)金永刑初字第 1187 号。
④ 广东省梅州市梅县区人民法院一审刑事判决书,(2014)梅县法刑初字第 199 号。
⑤ 河北省定州市人民法院一审刑事附带民事判决书,(2016)冀 0682 刑初 30 号。

谩骂医护人员,并对医院工作人员王某威胁、围堵3个多小时"。可见,此三人在本案中表现主动、作用显著,系组织者和积极参加者,故为本案的犯罪主体①。

根据《意见》的规定,在医疗机构内实施的聚众扰乱社会秩序的行为主要表现为在医疗机构私设灵堂、摆放花圈、焚烧纸钱、悬挂横幅、堵塞大门或者以其他方式扰乱医疗秩序。"以其他方式"扰乱医疗秩序,是指与列举行为性质、方式类似的行为,抛洒纸钱、张贴死者照片、散发传单、使用高音喇叭等。如陈某甲、陈某乙、周某甲聚众扰乱社会秩序罪一案中,被告人陈某甲提议在住院部一楼大厅摆设灵堂,被告人陈某乙与周某甲等人在一楼烧纸钱、放哀乐,并用喊话器向群众控诉医院,严重影响医院的正常工作、医疗秩序②。在郭某某等5人聚众扰乱社会秩序一案中,被告人通过拉条幅、摆花圈、抛纸钱、高音喇叭喊闹、扬言跳楼、阻拦他人就医、限制人身自由等极端方式主张自己利益③。

同时,构成本罪必须是情节严重、造成严重损失或者严重扰乱了医疗秩序的,如造成医院无法正常开展诊疗活动,或产生较为恶劣的社会影响等。

(二)罪与非罪的认定

聚众扰乱社会秩序罪是《刑法》规定的较为严重的犯罪行为,且处罚较为严厉,基于刑罚的谦抑性,特别是考虑到医疗纠纷的特殊性,应严谨对待这一罪名在医疗纠纷领域的适用。首先,应合理区分医疗纠纷中患方所采取的"聚众型"的维权方式和诉求,如未造成社会秩序扰乱的,不应将此类行为认定为违法行为;其次,对于聚众扰乱秩序的行为,如果尚未造成严重损失,或者经劝阻、教育、警告而停止违法行为的,不应认定构成本罪;最后,如果能够通过行政处罚达到警示教育和惩罚目的,也不宜认定构成犯罪。

同时,对于本罪的认定应注意以下方面:首先,本罪是聚众型犯罪,仅仅是一个人或两个人进行扰乱社会秩序的行为,不构成本罪。其次,应准确区分是首要分子或积极参与者还是一般参与者。最后,本罪是结果犯,要求聚众扰乱

---

① 河南省三门峡市灵宝市人民法院刑事判决书,(2011)灵刑初字第194号。
② 福建省周宁县人民法院刑事判决书,(2015)周刑初字第109号。
③ 河北省石家庄市高新技术产业开发区人民法院刑事判决书,(2017)冀0191刑初37号。

社会秩序的行为情节严重,并造成严重损失。区分的关键在于是否造成严重损失,情节是否严重。

(三)罪名认定

秩序扰乱型的医疗暴力行为一般都是由多人共同实施的,且往往侵害社会秩序或公共秩序,并涉嫌触犯多个罪名,因而对行为性质准确定性关系到定罪量刑和法律适用问题。实践中,这类医疗暴力行为涉嫌的罪名主要包括聚众扰乱社会秩序罪,寻衅滋事罪和聚众扰乱公共场所秩序、交通秩序罪,根据最高人民法院《意见2》的观点,这三个罪名仅就行为方式而言基本相同,往往都表现为在医疗机构私设灵堂、摆放花圈、焚烧纸钱、悬挂横幅、堵塞大门,以及随意辱骂、殴打医务人员、打砸医院、扰乱医疗秩序等,因而在不少情形下涉及多个罪名的竞合。

实践中,对于秩序扰乱型的医疗暴力行为,法院一般以聚众扰乱社会秩序罪或寻衅滋事罪定罪处罚,因而这两个罪名的区别也显得尤为重要。(1)是否存在聚众行为。聚众扰乱社会秩序罪系多人共同实施扰乱社会秩序的行为,本罪的处罚对象仅限于首要分子和积极参加者。例如,在杨某案中,被告人辩称其没有组织、指挥、领导他人,不是首要分子,最多是积极参与者。但是法院通过证人证言等证据证实被告人在医院带头起哄、现场指挥,在被告人杨某等人的煽动、领导、指挥下,其他同案人最终冲破民警防线并打砸医院。因此,被告人杨某应认定为首要分子,从而构成聚众扰乱社会秩序罪[①]。而寻衅滋事行为既可以是一个人,也可以是多人共同实施,在共同犯罪中,处罚对象并不限于首要分子,其他参与滋事行为的人都可能作为共同被告。换言之,寻衅滋事不一定是聚众犯罪,对寻衅滋事罪的共同犯罪者都要依法追究刑事责任[②]。(2)寻衅滋事罪的认定应从行为人的主观目的和客观上实施了法律规定的滋事行为两方面加以认定。如高某某一案中,被告人高某某认为某卫生院对其丈夫宫某某的死亡负有责任,在双方就赔偿问题协商未果的情况下,被告人高某某从2014

---

①　广州市荔湾区人民法院刑事判决书,(2015)穗荔法刑初字第646号。

②　陈兴良:《罪名指南(下册)》(第二版),中国人民大学出版社2008年版,第51页。

年 4 月 22 日至 5 月 19 日持续在该卫生院摆放花圈、悬挂横幅、设置灵堂、摆放死者照片、播放哀乐等。2014 年 5 月 19 日 9 时许,被告人高某某向某卫生院办公楼泼洒粪便,造成医院秩序严重混乱及经济损失①。

然而,由于寻衅滋事罪的构成要件具有一定模糊性,且相比聚众扰乱社会秩序罪的认定更为宽松,这一罪名很容易成为认定医疗暴力犯罪行为的"口袋罪",甚至有些案件应该被认定为聚众扰乱社会秩序罪,法院仍以寻衅滋事罪定罪。因此,有必要进一步明晰寻衅滋事罪的适用条件,限定其适用范围,只有在不能认定构成其他罪名的情况下,如果符合寻衅滋事罪的构成要件的,方可以该罪名定罪。

四、聚众扰乱公共场所秩序罪的认定

(一)罪名认定

根据《刑法》第二百九十一条规定②,本罪构成要件包括 3 点:

(1)客观要件。首先,行为人实施了聚众扰乱车站、码头、民用航空站、商场、公园、影剧院、展览会、运动场或者其他公共场所秩序的行为。聚众是指首要分子纠集众人,在同一时间、同一地点相聚集③。聚众犯罪中,除首要分子外,参加活动的人员往往是不确定的,人数可能随时有所增减。因此,本罪要求首要分子为达到扰乱公共场所秩序之目的而实施了纠集他人之行为,如蒋某甲、李某甲一案中,蒋某甲、李某甲因被告人蒋某甲之子蒋某乙在某卫生院就诊死亡,将蒋某乙尸体推到医院门诊大厅烧香化纸、阻挠医院正常营业,还多次将蒋某乙尸体推到 207 国道大路上堵塞交通。在本案的犯罪过程中,上诉人蒋某甲纠集的人员是其近亲属,没有纠集无关人员及社会闲散人员实施打砸医院设

---

① 辽宁省抚顺市东洲区人民法院刑事判决书,(2014)抚东刑初字第 00115 号。

② 《刑法》第二百九十一条:聚众扰乱车站、码头、民用航空站、商场、公园、影剧院、展览会、运动场或者其他公共场所秩序,聚众堵塞交通或者破坏交通秩序,抗拒、阻碍国家治安管理工作人员依法执行职务,情节严重的,对首要分子处五年以下有期徒刑、拘役或者管制。

③ 高铭暄、马克昌:《刑法学》,北京大学出版社、高等教育出版社 2000 年版,第 544 页。

施、毁损医院财物及殴打医院医生等暴力行为,法院认定其行为构成聚众扰乱社会秩序罪而非聚众扰乱公共场所秩序罪①。其次,行为人抗拒、阻碍国家治安管理工作人员依法执行职务,且情节严重。

(2)侵害客体是公共场所秩序。公共场所指人群聚集并供公众从事各种社会生活需求所使用的一切公用建筑物、场所及其设施的总称。根据《公共场所卫生管理条例》的规定,公共场所具体可以分为 7 大类 28 种,其中包括候诊室。

(3)犯罪主体是扰乱公共场所秩序的首要分子,其他参与者不作为本罪的犯罪主体。具体到医疗暴力犯罪中,构成本罪的情形包括:①聚众在医疗机构候诊室起哄闹事、扰乱秩序的②。如丁某甲、丁某乙、丁某丙、丁某丁、丁某戊聚众扰乱公共场所秩序一案,五被告的母亲张某因病住进县医院,在治疗过程中死亡后,主被告纠集多人在医院穿孝烧纸、哭闹,殴打、辱骂主治医生,围堵医院大门,把棺材抬进医院门诊大厅,在大厅门口扯黑色条幅,穿孝守灵,自 2009 年 5 月 4 日持续到 5 月 8 日深夜,时间长达 5 天,影响恶劣,严重扰乱了医院的秩序,实属情节严重。五被告在整个事件的发展过程中均起组织、指挥、策划作用,系首要分子,法院判决其行为均构成聚众扰乱公共场所秩序罪,系共同犯罪③。②聚众在医疗机构门口等公共场所起哄闹事、扰乱秩序的。聚众在医疗机构的病房、抢救室、重症监护室等非公共场所起哄闹事、扰乱秩序的,构成聚众扰乱社会秩序罪,而非本罪。如陈某甲案中,陈某甲、陈某乙的母亲温某某到章某诊所就诊后出现不适症状,后经抢救无效死亡,其亲属等人与章某就赔偿事宜协商未果,陈某甲、陈某乙组织、策划将存放温某某尸体的冰棺、死者遗像摆放在章某诊所门口处,并在诊所设置灵堂,播放哀乐,聚集多名亲属在诊所守灵,造成途经群众需绕道行走、周边商铺经营受影响甚至关门停业,经有关部门多次劝阻,仍拒不改正。陈某甲、陈某乙还组织多名亲属披麻戴孝举着遗像和横幅并喊口号沿大田县城区主干道建山路步行至县政府,在政府门口下跪、哭闹达 10 余分钟,导致众多群众围观,一度引发政府门口路段交通混乱。法院认为,诊所及政府门口人行道为公众提供就诊医疗及通行服务,人员具有不确定

---

① 湖南省永州市中级人民法院二审刑事判决书,(2015)永中法刑一终字第 126 号。

② 也可能同时构成聚众扰乱社会秩序罪,依照处罚较重的规定定罪处罚。

③ 河南省商丘市虞城县人民法院刑事判决书,(2009)虞刑初字第 52 号。

性,应认定为公共场所。陈某甲、陈某乙共同策划、组织亲属实施聚众扰乱公共场所秩序的行为,经国家机关工作人员多方劝阻仍拒不改正,情节严重,其行为均已构成聚众扰乱公共场所秩序罪①。本案中,被告人为获得较高赔偿而占据诊所门口及公共道路闹事,并以此向医院和政府施压,这些场所为公共场所,因而其行为构成聚众扰乱公共场所秩序罪。

实践中,判决明显扩大了对公共场所的理解,将候诊室以外的其他医疗机构内的场所都认定为公共场所。如,在梅某案中,被告人梅某因儿子发生交通事故在桐城市人民医院救治时死亡,后对医院给予的答复不满意,遂邀约亲属多人到桐城市人民医院外科住院部大门外拉横幅、烧纸钱、放鞭炮,后又围堵住院部大门,阻止其他病人和医务人员进出,致使医院长达一个半小时无法开展正常工作。法院判决被告的行为构成了聚众扰乱公共场所秩序罪②。很明显,住院部不是候诊室,不属于法定公共场所的范围,本案似乎应认定为构成聚众扰乱社会秩序罪。

(二)聚众扰乱公共场所秩序罪与寻衅滋事罪的区别

聚众扰乱公共场所秩序罪与寻衅滋事罪都属于扰乱公共秩序的犯罪,尤其是"在公共场所起哄闹事,造成公共场所秩序严重混乱"系构成寻衅滋事罪的法定情形,如何区分这两个罪名也成为司法实践中需要思考的问题。因此,如果要认定构成本罪,必须认定该案系聚众犯罪,且首要分子有教唆、纠集、组织他人实施扰乱公共秩序之行为,否则应认定构成其他罪名而非本罪。如张某某、黄某某一案中,张某某购买了3个花圈先后放置在道路中间,将国道堵塞,而后离开现场;随后,樊某甲双手捧死者樊某某遗像同张某某、樊某乙到316国道跪着,张某某持喇叭喊话,致多人围观造成316国道车辆无法通行,交通完全堵塞。张某某并没有教唆、纠集、组织他人实施扰乱公共秩序的行为,故其行为并未构成聚众扰乱公共场所秩序罪③。

例如,周某甲案中,被告人周某甲因姐姐周某在安徽医科大学第一附属医

---

①　福建省三明市中级人民法院刑事裁定书,(2014)三刑终字第122号。

②　安徽省桐城市人民法院刑事判决书,(2015)桐刑初字第00063号。

③　湖北省随县人民法院一审刑事判决书,(2017)鄂1321刑初240号。

院（以下简称安医附院）就诊时意外死亡，伙同被告人周某乙、徐某甲，带领十余名亲友，从安医附院太平间强行将周某遗体运出，放置于安医附院绩溪路大门进口处，并现场摆花圈、打横幅、堵塞大门，严重影响了医院正常的工作秩序。执勤民警到达现场后，劝说周某甲、周某乙、徐某甲先将遗体抬走妥善安置，不要影响医院正常工作秩序，同时联系安医附院工作人员与死者家属协商处理，3人拒绝将死者遗体抬走。因现场围观群众持续增加，为避免事态恶化，民警将遗体搬离现场。在遗体搬离过程中，周某甲等 3 人带领亲友对执行公务的民警进行撕扯、拉拽，造成多名民警身体受伤，衣服撕烂。在遗体搬离后，3 人依然围追拉拽现场民警陈某某，非法限制其人身自由；同时聚集人群堵塞绩溪路，阻碍交通。直至当日 15 时 30 分许，公安机关增加警力后，才疏导交通，恢复秩序。检察机关指控被告人的行为构成聚众扰乱公共场所秩序罪，遂向法院提起公诉。法院认为，公诉机关提供的证据仅能证明 3 名被告人在公共场所借故闹事，致公共场所秩序严重混乱，而不能证明他们有煽动他人、纠集他人的行为，3名被告人在本案中不属于起组织、策划、指挥作用的首要分子，公诉机关指控 3名被告人的罪名不能成立。但是 3 名被告人在医院门口借故生非、起哄闹事，且抗拒公安机关执法，致使公共场所秩序严重混乱，其行为均已构成寻衅滋事罪[①]。

五、聚众扰乱交通秩序罪的认定

在医疗暴力事件中，构成本罪一般表现为：在发生医疗纠纷后，为将事情"闹大"或向政府施压、迫使政府满足其要求，积极策划、参与堵塞公共交通要道，并抗拒、阻碍公安民警依法维护交通秩序，致使交通要道被堵塞。

例如，安某某案中，孔某某因病在草店镇草店居委会中心卫生室（以下简称为"草店卫生室"）打针，回家后突然死亡。被告人安某某（孔某某姑父）认为孔某某死因系草店卫生室打针所致，当日下午便聚集了数十人，将装有孔某某遗体的冰棺抬到草店卫生室，并将花圈摆放在卫生室门口。次日上午，被告人安

---

① 安徽省合肥市蜀山区人民法院刑事判决书，（2014）蜀刑初字第 00400 号。

某某与孔某某的其他 3 名亲属代表到随县草店镇人民政府协商处理此事,但未能达成一致意见。9 月 25 日上午,被告人安某某提议将 212 省道堵住。孔家亲属用白布制作了 3 条横幅后,被告人安某某用毛笔写了"一老两小无依靠,良心何在讨公道"等字样,孔家亲属随即将 3 条白布横幅横拉在草店卫生室门前的 212 省道上。被告人安某某参与现场指挥,指使人员在草店卫生室门前的 212 省道上横着摆放了两排花圈,并指使安家亲属送了 10 余条长板凳到现场。孔某某的亲属将长板凳搬到公路上的两排花圈后边,坐了两排,与在现场的安家亲属一起共约 50 余人将 212 省道彻底堵住,阻止机动车辆通行。随县人民政府工作人员在现场劝说多时,无效。公安民警也赶到现场依法维护交通秩序,试图将堵塞交通的人员疏散,但堵路人员拒不离开。后经继续劝解、疏散,直至当日 13 时许,孔某某的亲属方从公路离开。至此 212 省道交通共被堵塞约 5 小时。法院认为,被告人安某某在因医患纠纷而引发的闹丧事件中,为向政府施压、迫使政府满足死者亲属的要求,积极策划、参与堵塞公共交通要道,并抗拒、阻碍公安民警依法维护交通秩序,致使交通要道被阻断达数小时,情节严重,社会影响恶劣,其行为妨害社会管理秩序,其作用属于首要分子,已构成聚众扰乱交通秩序罪①。

同样,张某桔案中,被告人张某桔因其妻在三明市某医院分娩时胎儿死亡一事,与该院发生医疗纠纷而协调未果,遂聚众召集 20 多人用手推车推着胎儿尸体,拉起"医生害命求政府做主"的横幅,不顾公安民警劝阻,游行至三明市人民政府后上访,导致沿途同向车道的交通堵塞 15 分钟。法院认为,被告人张某桔行为已构成聚众扰乱交通秩序罪②。

---

① 湖北省随县人民法院刑事判决书,(2015)鄂随县刑初字第 00265 号。
② 福建省三明市梅列区人民法院刑事判决书,(2016)闽 0402 刑初 330 号。

六、寻衅滋事罪的认定

（一）构成要件

根据刑法第二百九十三条的规定[①]，寻衅滋事罪是指肆意挑衅，随意殴打、骚扰他人或任意损毁、占用公私财物，或者在公共场所起哄闹事，严重破坏社会秩序的行为。

（二）医疗暴力领域的寻衅滋事行为

从实践看，构成寻衅滋事罪的医疗暴力行为主要包括以下情形：

第一，随意殴打他人，情节恶劣的。具体而言，包括：（1）致1人以上轻伤或者2人以上轻微伤。如赵某某案中，被告人因妻子在剖腹产手术后抢救无效死亡，多次到医院闹事，后对医疗事故鉴定结论有异议，以及对医院不满，持刀到医院三楼医生办公室滋事，并将前来阻止的副院长姚某某、办公室主任王某某二人砍伤（经鉴定为轻微伤）[②]。（2）多次或者持凶器随意殴打他人。如秦某案中，秦某因不满治疗效果，多次到医院对主治医生、医务科主任及其他工作人员进行辱骂殴打，多次与医务人员发生厮打和冲突，并持菜刀将两名医务人员砍伤[③]。（3）在公共场所随意殴打他人，造成公共场所秩序严重混乱[④]。在高某某案中，被告人也实施了诸如在医院内摆放花圈、悬挂横幅、设置灵堂、摆放死者照片、播放哀乐及向医院办公楼泼洒粪便等行为[⑤]。

---

① 《刑法》第二百九十三条：有下列寻衅滋事行为之一，破坏社会秩序的，处五年以下有期徒刑、拘役或者管制：（一）随意殴打他人，情节恶劣的；（二）追逐、拦截、辱骂、恐吓他人，情节恶劣的；（三）强拿硬要或者任意损毁、占用公私财物，情节严重的；（四）在公共场所起哄闹事，造成公共场所秩序严重混乱。纠集他人多次实施前款行为，严重破坏社会秩序的，处五年以上十年以下有期徒刑，可以并处罚金。

② 辽阳市白塔区人民法院刑事判决书，(2016)辽1002刑初62号。

③ 河北省沽源县人民法院刑事判决书，(2015)沽刑初字第23号。

④ 吉林省德惠市人民法院刑事判决书，(2015)德刑初字第509号。

⑤ 辽宁省抚顺市东洲区人民法院刑事判决书，(2014)抚东刑初字第00115号。

第二,任意损毁、占用财物。如张某案中,被告人张某在医疗纠纷经司法解决后,又以索赔为借口到医院无理取闹,并在该院停车场内用石块追打保安人员,其投掷的石块击中停车场内的轿车,致车门玻璃损坏,经鉴定车门维修价格5860元①。

第三,强拿硬要,侵占他人财产的。表现为在滋事过程中强行索要占有他人财物,此种情形应区别于抢劫行为,关键在于行为人是否使用暴力或威胁手段。

此外,不少案件的当事人实施了多种滋事行为。如秦某案中,被告人秦某、任某夫妇以任某分娩之后患有宫颈糜烂、腰椎间盘突出等疾病为由,从2012年至2014年多次到医院闹事要求赔偿。(1)多次打骂医务人员。(2)占用医院办公室。强行住进医务科主任和院长办公室生活,在楼道内腌菜、晾衣服,对医院职工无故辱骂,在医院楼道内燃放鞭炮。(3)到院长武某家滋事。(4)毁坏医院病例夹、暖壶、水杯等物品。(5)在与医务人员发生冲突的过程中,秦某用菜刀将米某头部砍伤,致其轻伤二级②。在江某案中,被告人江某辱骂殴打医务人员、党政机关工作人员,故意毁坏医院财物,长期占据病房,从而构成寻衅滋事罪③。又如在黄某某案中,被告人黄某某采取的滋事行为有:(1)给王某某医生发送威胁短信;(2)电击王某某医生;(3)用水枪对斯某某全身喷水;(4)掐斯某某的脖子,将其打伤;(5)对斯某某进行言语威胁,朝斯某某脸上吐痰④。

在实践中,患方因医疗纠纷与医方发生激烈冲突,医疗机构在处理此类突发事件时,医院保安与患方往往会发生拉扯甚至殴斗,对患方的行为应认定为构成寻衅滋事罪而非聚众斗殴罪。如在黄某甲等5人寻衅滋事一案中,被告人黄某甲、许某甲、许某乙、刘某甲、黄某乙一方因许某壬在某医院治病期间死亡,以闹丧的方式向医院施加压力,讨要说法。在此过程中,黄某甲等人与医院方保安发生殴斗。法院认定此系医患纠纷引发,不是出于私仇、争霸或其他不正当目的的结伙殴斗,不符合聚众斗殴的主观要件,故5名被告人不构成聚众斗

---

① 哈尔滨市香坊区人民法院刑事判决书,(2016)黑0110刑初604号。
② 河北省沽源县人民法院刑事判决书,(2015)沽刑初字第23号。
③ 安徽省铜陵市中级人民法院刑事判决书,(2016)皖07刑终79号。
④ 上海市杨浦区人民法院一审刑事判决书,(2014)杨刑初字第883号。

殴罪,公诉机关指控的罪名不能成立,依法不予支持①。

七、故意毁坏财产罪的认定

根据《刑法》第二百七十五条的规定,故意毁坏财产罪是指故意毁坏公私财物,数额较大或者有其他严重情节的行为。数额较大或者有其他严重情节客观上表现为毁灭或损害公私财物的行为,构成犯罪的关键是毁损财物数额较大或情节严重,否则不构成本罪。如董某某一案中,被告人董某某认为被害人张某某在给其儿子医病时加重了其子的病情,故而在 2013 年 10 月 5 日至 2014 年 4 月间,几十次去被害人张某某诊所,用斧子、改锥、铁凳等工具,采用捣、砸、拆、撬、摔、扒、推、扔、点火等方式将房屋及室内门窗玻璃、卷闸、烟囱、太阳能热水器、推拉门等物品损毁。经某县价格认证中心鉴定:被毁坏物品价值共计人民币 29596 元。此案达到了"故意毁坏公私财物数额巨大或者情节严重"之一、二项情形,构成故意毁坏财产罪②。

在医疗暴力案件中,本罪表现为行为人在发生医疗纠纷后打砸医院物品、财产,造成医院财产损失数额较大或情节严重的情形。如雷某某案中,被告人雷某某在医疗纠纷调解过程中,先后将医院办公桌上的电脑、部分医疗设备掀倒在地,导致一台"裂隙灯显微镜"(经鉴定价值人民币 15000 元)损坏,造成医院财产损失数额较大③。

如果行为人同时还实施其他扰乱公共秩序的行为,如随意辱骂、殴打他人、聚众闹事或扰乱医院秩序,则可能构成寻衅滋事罪或扰乱社会秩序罪,即毁损财产的行为应视为是寻衅滋事行为或扰乱社会秩序行为的表现。

在范某案中,被告人范某某因女儿在洪湖市第二人民医院治疗后送至洪湖市人民医院抢救无效死亡,遂要求洪湖市第二人民医院赔偿。被告人范某某、白某某认为院方在拖延时间,用砖头将三楼院办公室及对面办公室的电脑、打印机砸坏。次日凌晨,因协商破裂,被告人范某某、白某某用砖头和椅子将第二

---

① 安徽省怀远县人民法院刑事判决书,(2014)怀刑初字第 00056 号。
② 福建省平和县人民法院刑事判决书,(2014)平刑初字第 93 号。
③ 湖北省荆州市沙市区人民法院刑事判决书,(2015)鄂沙市刑初字第 00115 号。

人民医院的收费窗口、划价窗口、取药窗口的玻璃、电子显示屏、宣传栏、门匾、大门砸毁。经鉴定,被砸物品价值为 12208 元。法院认为,被告人范某某、白某某因医疗纠纷故意毁坏财物,数额较大,其行为构成故意毁坏财物罪①。本案中,被告人在发生医疗纠纷后因协商不成愤而毁损医院的办公场所、设备设施,未直接扰乱医院的医疗秩序,也并非无事生非的滋事行为,其行为侵害了医院的财产权利而非公共秩序,故应认定构成故意毁坏财物罪。

八、敲诈勒索罪的认定

在发生医疗纠纷之后,患者可能以上访、新闻曝光、上网发帖等作为向医疗机构和政府部门施压的方式,从而获取相应的赔偿。此类行为可能属于患者在维权过程中所采取的过激或要价过高的行为,从而构成过度维权。

实践中,仍有部分患者及其家属因医疗纠纷而在索赔过程中,被认定构成敲诈勒索罪。笔者收集的 7 起敲诈勒索罪案件,除了 1 起自诉案件被法院认定证据不足不构成犯罪外,其他 6 起案件都被认定构成犯罪。其中 3 起是因医疗纠纷,被告人多次到北京等地上访,并向政府工作人员或维稳单位索要相关费用②,从而被认定构成敲诈勒索罪。因上访而被定敲诈勒索罪的案件并不鲜见,理论和实务对这类行为是否构成犯罪存在不少争议,包括笔者所收集的这 3 起案件仍有探讨余地,以下重点探讨针对医院索赔而引发的敲诈勒索案件。

在吴某案中,被告人吴某以中山医院为其做了不对症的手术为由,在网络上发布诋毁中山医院的信息。同年 5 月 19 日,宿州市卫生管理部门对医患双方进行协商,中山医院补偿了被告人吴某人民币 3000 元。被告人吴某为索要更多钱财,利用网络继续发布诋毁医院的信息,并于 2015 年 2 月 9 日向中山医院提出索要现金人民币 10 万元的要求,声称如医院兑现这笔钱,就不再发布信息。因医院未及时交付这笔钱,被告人吴某某又恶意发布信息,直到 2015 年 10

---

① 湖北省洪湖市人民法院刑事判决书,(2014)鄂洪湖刑初字第 00076 号。
② 河南省淮阳县人民法院刑事判决书,(2016)豫 1626 刑初 229 号;喀什垦区人民法院刑事判决书,(2015)喀垦刑初字第 22 号;吉林省吉林市龙潭区人民法院刑事判决书,(2015)龙刑初字第 180 号。

月案发。法院认为,被告人采取通过网络散发诋毁中山医院的信息,以中山医院给 10 万元就停止发帖相要挟,强行向宿州中山医院索要人民币 10 万元,数额巨大,其行为已经构成敲诈勒索罪①。本案中,被告人与医院在卫生行政部门的调解下已达成调解,且医院根据调解已向被告人支付相应金额,双方纠纷已经解决。然而,被告人为获得更多钱财,在没有合法正当的依据下,以在网上发布医院负面信息为要挟,要求医院支付数额巨大的款项,其行为性质应属于敲诈勒索。

在李某案中,2011 年 2 月 28 日,被告人李某丁因妻子生第二胎,向林坦卫生院院长李某己打电话要求到该院分娩,但李某己未能派员接诊入院。因此,被告人李某丁对李某己产生不满,后采取上访、上网发帖的方式宣称"林坦卫生院不接诊、不救治他媳妇,生孩子也不给报销",声称想要摆平这个事得拿 5 万元人民币出来。2012 年 9 月 21 日,李某己被迫向被告人妥协,给了李某丁现金 5 万元。本案中,被告人通过上访形式反映问题,虽然这是其正当的权利,但其又以林坦卫生院拒绝救治问题上网发帖,制造舆论,从而使该卫生院院长李某乙考虑个人及医院影响时产生精神压力,不得已向被告人妥协,满足了其不正当的要求,并向其交出钱财。本案中,尽管卫生院没有派员接诊入院,但对被告人配偶的分娩未造成实际损害,李某丁要求受害人支付 5 万元没有任何法律依据。因此,被告人主观上已存在非法占有他人财物的主观故意,客观上采取上述要挟手段,从而使受害人被迫向其交出钱财,其行为符合敲诈勒索罪的构成要件②。

但在王某某案中,法院对于公诉机关关于被告人王某某犯敲诈勒索罪的指控不予采纳。其理由为被告人王某某与某医院的纠纷正在处理当中,其以索赔为由在公共场所以打横幅、堵电梯等方式扰乱社会秩序,其亲属缠访、闹访等行为的牵连行为,应以寻衅滋事罪予以处罚③。

(陈绍辉、王海容)

---

① 宿州市埇桥区人民法院刑事判决书,(2016)皖 1302 刑初 603 号。
② 河北省磁县人民法院刑事判决书,(2014)磁刑初字第 2 号。
③ 安徽省巢湖市人民法院刑事判决书,(2016)皖 0181 刑初 360 号。

第七章 医患各方对医疗暴力防控及其法治的认知现状及分析

第一节 调研过程与基本情况

一、研究方法

(一)问卷调查法

为了解医患各方对医疗暴力、医疗暴力防治及其法制的认知,课题组以WHO有关工作场所暴力的定义为基础,根据研究需要分别从卫生从业人员角度和一般民众角度设计形成了《医疗暴力调查问卷(医方篇)》《医疗暴力调查问卷(民众篇)》两份调查问卷(见附录)。这两份问卷均分为两大部分,第一部分为人口社会学资料,第二部分为基本问题。在第二部分基本问题的设计上,两份问卷的板块大体一致,但在具体问题上有所侧重和不同。基本问题大致可分为五大板块:其一,被调查人员对医疗暴力的一般性认知;其二,被调查人员对防处医疗暴力的相关立法的认知;其三,被调查人员对防处医疗暴力的执法情况的认知;其四,被调查人员对处理医疗暴力的司法情况的认知;其五,被调查人员对防治医疗暴力的相关措施有效性的认知。

2017年9—10月,课题组通过互联网分发调查问卷(分发方式主要为QQ、微信等社交媒体转发),通过点击链接回答在线问卷收集信息,被调查者通过电脑和手机填写问卷。本次调查对象针对两部分人群开展,第一部分为医方,包括医生、医疗技术人员和护理人员及行政和后勤人员;第二部分为民众方,包括所有人群。

(二)半结构式访谈法

采取半结构式访谈的方法,选择部分被调查人员(包括民众及医护人员)、医院医务处(科)、护理部、保卫处(科)及部分科室相关负责人及我国医药卫生领域的专家学者进行访谈,进一步了解我国医疗暴力及其法治的现状,探索可行的防控措施。

(三)统计学方法

数据收集完成后建立数据库,采用 SPSS 统计软件进行结果描述性统计分析,统计图表使用 Microsoft office 软件进行制作。

(四)质量控制

在线调查数据库适时对调查者录入的问题进行逻辑纠错,并记录调查者回答时间和访问方式;项目人员进行人工审核和整理,清除掉答题时间少于 180秒、答题逻辑错误的问卷。

二、基本情况

(一)医方部分

医方部分调查共填写完成问卷 327 人。如表 7-1 所示,男性 107 人,占32.72%,女性 220 人,占 67.28%,男女性别比为 1∶2.06;调查对象平均年龄为33.45 岁,最小年龄为 21 岁,最大年龄为 79 岁;文化程度方面,本科和研究生学历占大多数,合计 271 人,占 82.88%,说明医疗服务提供方文化程度相对较高。

调查对象所属医院来源方面,主要来自二级医院和三级医院,分别为 146人和 173 人,各占 44.65% 和 52.91%,未有来自基层医院的对象填写问卷;医方对象类型方面,医务人员共 275 人,占 84.10%,其中医生 137 人、护理人员105 人、医疗技术人员 33 人;行政后勤人员共 52 人,占 15.90%,其中行政人员

47人,后勤人员5人;医务人员职称方面,初级、中级、高级职称人数分别为152人(55.27%)、75人(27.27%)、37人(13.46%);行政后勤人员职级方面,副科以上级别17人,占32.69%,其余人员35人,占67.31%。

表 7-1　医方调查对象基本情况表(N=327)

项　目		N	百分比(%)
性　别	男	107	32.72
	女	220	67.28
学　历	硕士及以上	87	26.61
	本　科	184	56.27
	大　专	54	16.51
	中专及以下	2	0.61
医院类型及等级	三级综合医院	146	44.65
	三级专科医院	27	8.26
	二级综合医院	134	40.98
	二级专科医院	12	3.67
	其他医疗机构	6	1.83
	民营医疗机构	2	0.61
	基层医疗机构	0	0.00
医方人员类型	医　生	137	41.90
	护　理	105	32.11
	医　技	33	10.09
	行　政	47	14.37
	后　勤	5	1.53
医务人员职称(n=275)	初　级	152	55.27
	中　级	75	27.27
	副高级	30	10.91
	正高级	7	2.55
	无职称	11	4.00
行政后勤职级(n=52)	科　员	27	51.92
	副科级	5	9.62
	正科级	5	9.62

项　　目	N	百分比(%)
副处级	4	7.69
正处级	3	5.77
无职级	8	15.38

(二)民众部分

民众部分调查共填写完成问卷1040人。调查对象来自全国32个省市自治区和特别行政区(青海省和海南省没有参加调查者),其中参与人数排名前5位的是广东省(109人,10.48%)、上海市(94人,9.04%)、山东省(71人,6.83%)、江苏省(71人,6.83%)和北京市(68人,6.54%),如图7-1所示。

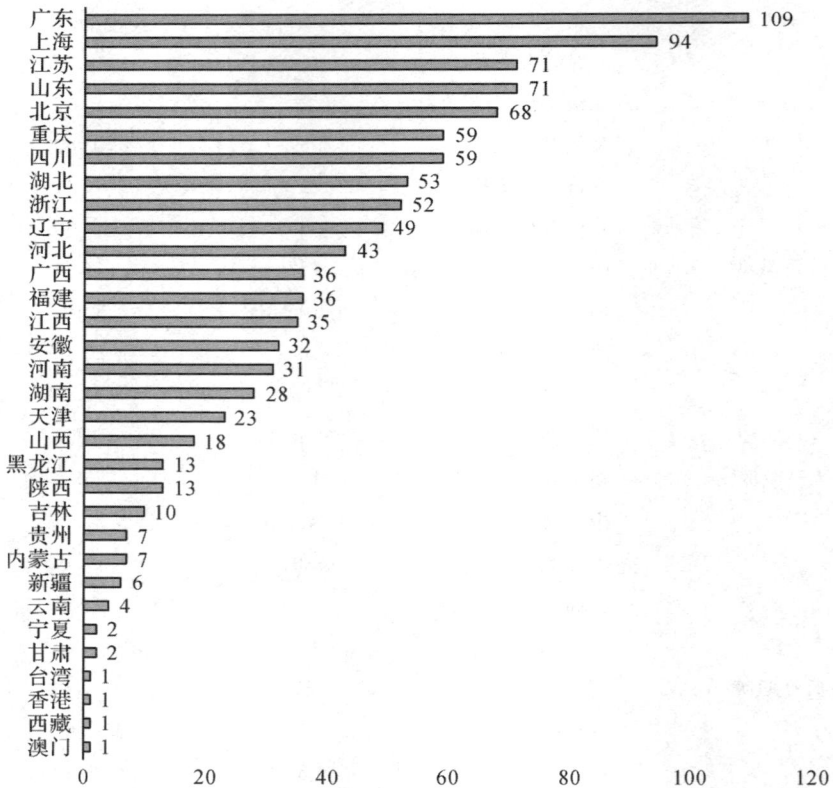

图 7-1　调查对象来源地区分布图

如表 7-2 所示,调查对象中,男性 493 人,占 47.40％,女性 547 人,占 52.60％,男女性别比为 1∶1.11;调查对象平均年龄为 33.27 岁,最小年龄为 17 岁,最大年龄为 78 岁;文化程度方面,大专、本科及以上学历占大多数,合计 924 人,占 88.85％。

所属家庭来源方面,城市、城镇、农村人数分别为 784 人、178 人和 78 人,分别占比 75.38％、17.12％和 7.50％;调查对象从事行业共包括 30 项,其中排名前 5 位分别为制造业(201 人,19.33％)、教育/培训/科研/院校(128 人,12.31％)、其他行业(84 人,8.08％)、IT/软硬件服务/电子商务/因特网运营(80 人,7.69％)和批发/零售(59 人,5.67％);调查对象职业分类方面,合计获得 15 种职业样本来源,其中排名前 3 位的依次为管理人员(174 人,16.73％)、技术/研发人员(138 人,13.27％)和行政/后勤人员(112 人,10.77％)。

调查对象医疗保险状态方面,761 人(73.17％)参加了城镇职工基本医疗保险,176 人(16.92％)参加了城镇居民基本医疗保险,82 人(7.88％)参加了新型农村合作医疗,21 人报告没有任何医疗保险。

个人月收入情况方面,488 人(46.92％)报告月收入在 5001—10000 元,364 人(35.00％)报告月收入在 501—5000 元,128 人(12.31％)报告月收入在 10001 元以上,60 人(5.77％)报告月收入在 500 元及以下。

表 7-2　民众调查对象基本情况(N＝1040)

项 目		N	百分比(％)
性 别	男	493	47.40
	女	547	52.60
文化程度	大专、本科及以上	924	88.85
	高中	95	9.13
	初中	19	1.83
	小学及以下	2	0.19
家庭来源	城市	784	75.38

项　目		N	百分比(%)
	城镇	178	17.12
	农村	78	7.50
从事行业	制造业	201	19.33
	教育/培训/科研/院校	128	12.31
	其他行业	84	8.08
	IT/软硬件服务/电子商务/因特网运营	80	7.69
	批发/零售	59	5.67
	法律	58	5.58
	会计/审计	35	3.37
	银行/保险/证券/投资银行/风险基金	33	3.17
	房地产开发/建筑工程/装潢/设计	32	3.08
	贸易/进出口	31	2.98
	医疗/护理/保健/卫生	31	2.98
	餐饮/娱乐/旅游/酒店/生活服务	28	2.69
	航天/航空/能源/化工	25	2.40
	服装/纺织/皮革	24	2.31
	通信/电信运营/网络设备/增值服务	24	2.31
	交通/运输/物流	24	2.31
	电子技术/半导体/集成电路	22	2.12
	快速消费品(食品/饮料/化妆品)	17	1.63
	汽车及零配件	16	1.54
	办公用品及设备	13	1.25
	仪器仪表/工业自动化	13	1.25
	机械/设备/重工	12	1.15
	家具/工艺品/玩具	11	1.06
	广告/公关/媒体/艺术	10	0.96

项　目		N	百分比(%)
	物业管理/商业中心	9	0.87
	制药/生物工程/医疗设备/器械	6	0.58
	农业/渔业/林业	6	0.58
	家电	3	0.29
	中介/咨询/猎头/认证	3	0.29
	出版/印刷/包装	2	0.19
职业	管理人员	174	16.73
	技术/研发人员	138	13.27
	行政/后勤人员	112	10.77
	销售人员	77	7.40
	专业人士(如会计师、律师、建筑师、医护人员、记者等)	77	7.40
	全日制学生	73	7.02
	文职/办事人员	73	7.02
	财务/审计人员	68	6.54
	教师	68	6.54
	生产人员	58	5.58
	人力资源	42	4.04
	其他	33	3.17
	客服人员	22	2.12
	市场/公关人员	17	1.63
	顾问/咨询	8	0.77
医疗保险类型	城镇职工基本医疗保险	761	73.17
	城镇居民基本医疗保险	176	16.92
	新型农村合作医疗	82	7.88
	没有	21	2.02
收入情况	500 元及以下	60	5.77
	501-5000 元	364	35.00

续　表

项　目	N	百分比(%)
5001－10000 元	488	46.92
10001 元以上	128	12.31

第二节　卫生从业人员对医疗暴力防控处理法治现状的认知

一、医疗暴力及其基本要素的界定

课题组前期通过分析国内医疗暴力相关文献后发现,国内学者对医疗暴力的定义并未达成共识且有不少学者将医疗暴力等同于"医疗纠纷"或"医闹",或认为医疗暴力的产生原因仅限于"医疗纠纷"。当然,在这种情况下,学者们对医疗暴力发生的原因、时间、地点、被害人、加害人等基本要素的外延也未达成一致意见。相较于我国,国外有些国家对有关医疗暴力的研究起步较早且在基本概念上基本达成共识。为与国际研究接轨,本课题组以世界卫生组织关于"医院工作场所暴力"概念的界定为基础(大多数国家的做法),并结合我国国情对医疗暴力的定义进行界定,认为医疗暴力是在医疗机构及卫生从业人员工作生活场所,以威胁、限制人身自由等非程序性有形力,致使卫生从业人员心理、生理等受到伤害或使其工作生活场所造成严重财产损失的个体或群体暴力行动。在此定义的基础上,课题组对以下内容进行了预设。

1.医疗暴力的类型

课题组认为,医疗暴力应分为躯体暴力、心理暴力和性暴力等三大类,并针对这三大类各设计了一个问题。同时,课题组还针对"医闹"的主要突出表现设计了两个具体问题——"拉条幅、烧纸钱、停尸、摆花圈等扰乱工作秩序的行为"以及"破坏医院/个人财产"等行为是否属于医疗暴力。课题组认为,上述行为虽可能未直接针对某个特定的卫生从业人员展开,但患方的此种行为是因为医疗行为造成的,且肯定会对涉事医护人员造成一定的困扰,属于对其安全、幸福和健康"含蓄"的挑战,故也应属于医疗暴力,我们将其划归为"心理暴力"这一类型中。

2.医疗暴力的施暴主体

我们将施暴主体确定为(不特定的)"个体或群体"。从理论上来讲,医疗暴力并不限于患方对医护人员所为,但在各国实务中,患方进行的攻击或虐待行为一般占绝大多数。且我国医疗暴力事件常常由医疗纠纷引起,故大多数学者将医疗暴力的施暴主体限于患者、患者家属朋友及其雇用人员(如职业"医闹"),而未考虑卫生工作人员可能遭受外来者甚至因患者自身疾病而导致受侵害的情形。如丘某某一案中,被告人丘某某酒后因与家人闹矛盾心情不好,无故到某县人民医院外三科(骨科)室进行打砸,值班医生及护士多人上前制止,其中,医生彭某被其殴打。在本案中,丘某某与某县人民医院之间并没有医疗服务关系,丘某某对该医院来说即为"外来者"①。

3.医疗暴力的施暴对象

根据我们对医疗暴力所下的定义,医疗暴力针对的对象是卫生从业人员,即除了医护人员(当然,这是医疗暴力的主要施暴对象)外,还包括医院的行政管理人员和医院的其他工作人员。患方因不满当事医护人员而对其亲友进行的伤害虽会造成医护人员心理上的创伤,但该行为并非直接针对医护人员,故该行为虽违法(甚至可能触犯刑法)但不属于医疗暴力,故我们认为"医护人员的亲友"不是施暴对象。如邓某某故意伤害案中,邓某某因消化科医生未安排其做胃镜手术,与医生柳某文发生口角,后经劝解,柳某文安排邓某某做胃镜手术。邓某某经过胃镜手术取出了胃里的胶囊外包装。柳某文因感到委屈,便打电话将事情告诉其丈夫赖某。赖某接到电话后赶到市医院胃镜室,在胃镜室外与做完胃镜手术的邓某某发生口角和揪扯。邓某某打电话召集原审被告人周某、叶某彪、甘某、阙某萍帮忙,共同伤害赖某身体,致其轻伤,构成故意伤害罪②。在本案中,邓某某等人的故意伤害对象是卫生工作人员柳某文的丈夫赖某,故本案虽是因医疗纠纷而起,且发生在医疗场所,但不属于本书所指的医疗暴力。

又如在贺某某故意杀人案中,贺某某因某卫生院未为其开具转诊证明与卫生院发生纠纷,并对卫生院院长徐某某和孔某乙不满。在纠缠未果后,贺某某决定

---

① 广东省陆河县人民法院一审刑事判决书,(2017)粤1523刑初3号。
② 江西萍乡市中级人民法院二审刑事判决书,(2014)萍刑一终字第75号。

杀人泄愤,并写下遗书。2016 年 6 月 13 日早上 5 时 30 分,贺某某携带事先购买的不锈钢刀到卫生院附近蹲守,决定伺机杀害徐某某或孔某乙。蹲守期间,贺某某发现孔某乙的儿子孔某甲独自外出,遂决定改变目标对孔某甲下手。贺某某尾随孔某甲坐上益阳至栾凤山方向的湘 H92056 中巴车。上车后不久,贺某某持刀对孔某甲头部、颈部连续捅刺,孔某甲用手臂护住头部并大声呼救,中巴车司机蔡某某立即冲过去夺下贺某某所持不锈钢刀,并将贺某某控制住。公安人员接到报警后赶到现场将贺某某抓获[①]。本案虽因医疗纠纷而起,但被告人贺某某的施害对象是医务工作者孔某乙的儿子孔某甲,也不属于本书所指医疗暴力。

再如李某故意杀人案中,被害人罗某自 2014 年上半年至案发,多次无故到某卫生院辱骂、殴打该院职工被告人李某,致使其无法正常工作。2015 年 3 月 29 日上午 10 时许,罗某再次到卫生院缠闹,李某在气愤之下,用尿样分析机上的电源线,勒住罗某的脖子,直至罗某没有反应才松手。李某离开现场回家后,又返回卫生院,让该院院长史某安排人员抢救罗某,在确定被害人死亡后,李某让史某报警。经鉴定,被害人罗某系勒颈致机械性窒息死亡[②]。本案的施暴主体是卫生工作人员,但受害人是一般民众,故也不属于本书所指医疗暴力。

4. 医疗暴力发生的场所和时间

从我国已发生的相关事件来看,患方因对诊疗及其结果不满而针对卫生从业人员(主要是医护人员,其中更多的是医生)的伤害,除了发生在医疗机构外,还有发生在医护人员上下班途中甚至其家中的,而伤害事件的起因或诱因发生在医疗场所中,故这应属于医疗暴力事件。

二、卫生从业人员对医疗暴力及其防控处理的认知

(一)卫生从业人员对医疗暴力的一般性认知情况

1. 卫生从业人员对医疗暴力内容的认知

总的来看,数据显示,被调查的卫生从业人员对医疗暴力的内容有较准确

---

① 湖南省高级人民法院刑事裁定书,(2017)湘刑终 41 号。
② 安徽亳州市中级人民法院一审刑事判决书,(2015)亳刑初字第 00049 号。

的认知,如表7-3所示。其中,对"躯体暴力"的知晓情况最好,99.39％的卫生从业人员认为"躯体暴力(攻击、虐待、打、推、咬、踢等)"是医疗暴力的类型。相对而言,卫生从业人员对"性暴力"的知晓度最低,有91.13％的卫生从业人员认为"性暴力(包括语言、动作、身体接触等)"属于医疗暴力。分别有97.25％和96.64％的卫生从业人员认为"拉条幅、烧纸钱、停尸、摆花圈等扰乱工作秩序的行为"和"破坏医院/个人财产"属于医疗暴力,这一调查结果与课题组的认知高度契合。我国频发的伤医事件也是促使卫生从业人员对医疗暴力高度关注的重要原因。课题组进一步对卫生从业人员对"性暴力"选项的结果进行分析后发现,在处于不同岗位的人群中,护理人员认为"性暴力"不属于医疗暴力的绝对数值最大,共13人未选择此项;医生其次,共9人未选择此项。医护人员是最容易遭受医疗暴力的群体,这样的认知可能导致其在临床工作期间,若遭受到言语威胁或性骚扰等非显性伤害时,会选择隐忍退让。

表7-3　卫生从业人员对医疗暴力内容的认知表

选　项	小计	比例(％)
A.躯体暴力(攻击、虐待、打、推、咬、踢等)	325	99.39
B.心理暴力(口头侮辱、威胁、贬低、折磨等)	319	97.55
C.拉条幅、烧纸钱、停尸、摆花圈等扰乱工作秩序的行为	318	97.25
D.破坏医院/个人财产	316	96.64
E.性暴力(包括语言、动作、身体接触等)	298	91.13
本题有效填写人次	327	

2.卫生从业人员对医疗暴力的获知途径

卫生从业人员获知医疗暴力事件的途径可分为两大类,一类是亲身经历或亲眼所见,另一类是从他方得知,这一类具体包括通过传统传媒(纸质的报纸杂志、电视电台的报道)、新媒体(网络新闻报道,微信、微博或QQ等网络平台)和他人口口相传获知。其中,亲身经历医疗暴力的虽相比其他项占比较少,但也超过了被调查人员的一半以上,为 51.38%;亲眼所见的医疗暴力更是达到了 76.15%。这说明医疗暴力现象较为突出,并呈现出普遍化趋势。通过新媒体途径获知医疗暴力的占比最高,通过"微信、微博或 QQ 等网络途径"和"通过网络新闻报道"获知医疗暴力的占比分别为 92.05% 和 91.74%。这是因为随着计算机网络技术和通信技术的飞速发展,人们获取信息的方式和习惯也随之改变,尤其是医护人员空闲时间较少,网络便利的阅读方式成为这一人群学习以及获知相关信息的重要和主要渠道。

3.卫生从业人员对医疗暴力主体的认知

(1)对施暴主体的认知

数据显示,卫生从业人员认为医疗暴力施暴主体主要为患者、患者家属及患方雇用的人员,而这三者间家属占比最高,达到 99.69%,如表 7-4 所示。这是与国外不同的地方,当然,这与我国的传统家庭观念不无关系。

这一认知与国内已有的调查结果和实践一致,即医疗暴力一般发生在医患双方之间。从我国已发生的医疗暴力事件来看,除了患者及其家属外,事件的参与人还可能涉及患方雇用的人员,如职业"医闹"等。但是,卫生从业人员对医疗暴力施暴主体的认识并不全面,一方面,其认为外来者(如非患者身份的精神病患者、抢劫犯等)也是施暴主体的仅占 56.57%;另一方面,该群体几乎 100% 地选择"家属"是施暴主体,而仅有 84.4% 的人选择"患者",这表明,卫生从业人员的关注点仍是医疗纠纷引起的医疗暴力,对因自身疾病因素所引起的暴力行为(如精神分裂者在某些时间的不受自身控制的行为、药物或酒精所引起的患者躁动等)并未引起重视甚至不认为其是医疗暴力行为。实际上,从已有研究来看,很多暴力行为本身都是疾病因素所引起的。在被调查的 47 名行政人员中,仅有 21 人认为外来者系医疗暴力的主体(占比 44%)。行政管理人员对医疗暴力施暴主体认知的偏差,将影响医疗机构对医疗暴力实施自主管理的效果。

表 7-4　卫生从业人员对医疗暴力施暴主体的认知

选　项	小计	比例(%)
A.患者	276	84.4

续　表

选　项	小计	比例(%)
B.家属	326	99.69
C.雇佣人员(如职业"医闹")	286	87.46
D.外来者(如非患者身份的精神病患者、抢劫犯等)	185	56.57
本题有效填写人次	327	

（2）对施暴对象的认知

卫生从业人员对医疗暴力施暴对象的选择依次为医护人员（90.52%）、医院的行政管理人员（65.75%）、医院的其他工作人员（62.39%）、医院场所内的所有人（45.57%）、医护人员的亲友（44.34%）和医院就诊的患者及其家属（44.04%），如表7-5所示。这一结果表明卫生从业人员对于医疗暴力内涵的理解存在一定的偏差。根据世界卫生组织的相关定义，课题组认为，医疗暴力是针对非特定人群在特定时空针对特定对象实施的暴力行为，而这个特定对象指的是在医疗机构工作的人员，即除了医护人员外，还应包括医院的行政管理人员、技术人员等；若施暴主体直接针对的主体系患者及其家属或其他非卫生从业工作者，那么即使施暴地点是在医疗场所，也只能构成一般的人身伤害事件。从调查结果来看，仅有6成左右的卫生从业人员选择非医护人员的医疗机构的其他人员，对于不适合的3个选项，却有4成多的人员做出了选择。对施暴对象重新进行正确的认识，有利于医疗机构及其从业人员有意识地分类别进行风险管控。

表7-5　卫生从业人员对医疗暴力施暴对象的认知

选　项	小计	比例(%)
A.医护人员	296	90.52
B.医院的行政管理人员	215	65.75
C.医院的其他工作人员	204	62.39

选　项	小计	比例(%)
D.医院就诊的患者及其家属	144	44.04
E.医院场所内的所有人	149	45.57
F.医护人员的亲友	145	44.34
本题有效填写人次	327	

4.卫生从业人员遭受医疗暴力的情况

　　课题组分别对卫生从业人员遭受语言攻击和躯体攻击这两个媒体曝光次数最多、学者关注程度最高的问题进行了问卷设计,以了解卫生从业人员遭受医疗暴力的具体情况,结果如表7-6、表7-7所示。数据显示,被调查的卫生从业人员大多数遭受过患方的口头侮辱或威胁,共有234人(占比71.56%)选择1次以上的选项;未遭受过患方口头侮辱或威胁的共有93人,其中,后勤4人,行政17人,医生31人,医疗技术人员17人,护理22人。从占比来看,后勤最高(占比80%),医疗技术人员第二(占比48.48%),行政第三(占比36.17%),医生第四(占比21.90%),护理最低(占比20.96%)。换言之,遭受1次及以上患方口头侮辱或威胁的人群中护士最多、医生第二。根据调查结果,未与患方发生肢体冲突的卫生从业人员有249人(占比76.15%)。这一调查结果与国内相关研究结果一致,即卫生从业人员遭受医疗暴力的形式主要是患方的口头侮辱或威胁,与患方有肢体冲突的为少数;相比其他人员,医护人员更容易遭受医疗暴力,而与患者及其家属接触最多的护士则更容易遭受来自患方的文攻武吓。因武力造成的显性伤害容易引起民众及医院管理者的关注,但某些软性暴力或隐性暴力却容易被忽视。事实上,护士因隐性暴力造成的心理创伤比躯体创伤更深、更长久。调查结果同时显示,虽大多数卫生从业人员(绝大多数为医护人员)遭受过患方的口头侮辱或威胁,但频率并不高,遭受6次及以上的仅占19.88%。

表 7-6　卫生从业人员最近一年被患方口头侮辱或威胁的次数

选　项	小计	比例(%)
A.0 次	93	28.44
B.5 次及以下	169	51.68
C.6—10 次	41	12.54
D.11—20 次	12	3.67
E.21 次及以上	12	3.67
本题有效填写人次	327	

表 7-7　卫生从业人员最近一年经历患方的肢体冲突的次数

选　项	小计	比例(%)
A.0 次	249	76.15
B.5 次及以下	68	20.8
C.6—10 次	5	1.53
D.11—20 次	2	0.61
E.21 次及以上	3	0.92
本题有效填写人次	327	

5.卫生从业人员对医疗暴力发生的时间和地点的认知

对"哪个科室最容易发生医疗暴力"这一问题的回答,排名前 3 位的是急诊科(占比 55.66%)、儿科(占比 25.99%)和住院部(占比 9.79%)。而最容易发生医疗暴力的时间和地点,被调查人员选择最多的是"医护人员在单独检查或治疗病人的时候"以及"晚上值夜班"。卫生从业人员的这些认知虽是基于其主观经验而得出的,但该认知与已有研究结果基本一致。

6.卫生从业人员对医疗暴力产生原因的认知

数据显示,卫生从业人员认为产生医疗暴力的直接原因主要是对医疗过程或结果的争议以及患方对于医方收费、服务态度、职业道德等非医疗事务方面的争议与不满,对于患者本身疾病引起的暴力行为,则有近一半的卫生从业人员不认为是医疗暴力,大多数人员也不认同"医护人员自身缺乏相关培训"是医疗暴力产生的直接原因,如表7-8所示。除了课题组给出的答案,极少数被调查人员还认为,产生医疗暴力的直接原因还有对施暴者处罚太轻、病人不信任医生、与患方自己的预期有出入、法律监管缺失以及执行力不够、管理部门未充分保障一线医护人员的合法权益等。

表 7-8　卫生从业人员对医疗暴力产生的直接原因的认知

选　项	小计	比例(％)
A.患者及其家属认为存在医疗过错	289	88.38
B.患者及其家属认为医护人员态度不好	288	88.07
C.患者认为医护人员医德缺失	231	70.64
D.患者及其家属认为收费不合理	265	81.04
E.患者及其家属质疑医疗服务质量	261	79.82
F.精神病人实施暴力	150	45.87
G.患者及其家属对治疗效果不满意	289	88.38
H.敏感喜暴力的患者突然的情绪暴发	185	56.57
I.医护人员缺乏识别和管理具有敌意和攻击性行为的培训,激化暴力	156	47.71
J.其他	12	3.67
本题有效填写人次	327	

大多数卫生从业人员的认知存在一定的片面性,即将医疗暴力与医疗纠纷等同起来,认为引起医疗纠纷的原因就是导致医疗暴力的原因。卫生从业人员的这一认知与当前民众及媒体对医疗纠纷以及因纠纷产生的伤医事件的关注有关,也和我国部分学者对医疗暴力问题的研究限于医患争议有一定关系。在我国,医疗暴力之所以在近几年引起民众及学界的广泛关注,其中一个非常重要的原因就是近几年发生的多起突出的、伤害后果十分严重的医疗暴力事件是由医疗纠纷引发的。因此,医疗暴力在进入人们的视野之初就带有很强的"医疗纠纷冲击感"。

但从全面保护医护人员合法权益的角度来说,这样的认识是有局限性的。医疗纠纷是导致医疗暴力的一个方面,患者因自身疾病或受精神药物的影响而实施医疗暴力行为,则是导致医疗暴力的另一个方面。如果仅把目光放在医疗纠纷的防控上,那么在进行医疗暴力防控的指导思想和顶层设计中,就将忽略后者的防控,在具体的设施构建以及采取的具体措施中,也不会对其予以充分考虑。结果就是通过多年的努力,前者导致的暴力事件有所下降,但后者导致的暴力事件却未得到缓解,从而导致重新构建设施设备,造成资源的浪费。

(二)卫生从业人员对防控处理医疗暴力相关立法的认知情况

为了解卫生从业人员对我国目前防控和处置医疗暴力相关立法的认知情况,我们在问卷中设计了两个问题,一是列举了目前我国关于医疗暴力的主要法律规定,请被调查人员进行选择(可多选);二是课题组总结了我国有关医疗暴力方面的立法及政策存在的不足之处,请被调查人员选择(可多选)。调查结果显示,总的来说,卫生从业人员对我国医疗暴力相关法律规定知晓率较高。如表 7-9 所示,选择"以上皆不知"的仅 11 人(占比 3.36%)。其中,认为"在医疗机构焚烧纸钱、摆设灵堂、摆放花圈、违规停尸、聚众滋事属违法行为""侮辱、威胁、恐吓、故意伤害医务人员或者非法限制医务人员人身自由属违法行为"的最多(均占比 89.6%),这一方面说明卫生从业人员对法律知识的学习和了解有所侧重和选择——选择与其人身安全、财产安全紧密相关的,对严重后果进行惩罚性规范的法律规定,另一方面也从侧面说明这些规制的现象较为普遍、对医护人员的心理冲击最大、法律制度宣传的力度和效果也较好。相对而言,卫生从业人员对非"医闹"的预防性的医疗暴力立法关注不高、了解较少,如认同"遇到醉酒、精神或行为异常患者就诊,要安排保卫人员陪诊"的仅占 59.02%,认同"倒卖医疗机构挂号凭证属违法行为"的仅占 60.86%,以及认为"二级以上医院一律作为巡逻必到点,有条件的要设立警务室;三级以上医院必须设立警务室"的仅占 63.3%。

表 7-9　卫生从业人员对我国医疗暴力主要法律规定的了解程度

选　项	小计	比例(%)
A. 在医疗机构焚烧纸钱、摆设灵堂、摆放花圈、违规停尸、聚众滋事属违法行为	293	89.6
B. 非法携带易燃、易爆危险物品和管制器具进入医疗机构属违法行为	250	76.45
C. 侮辱、威胁、恐吓、故意伤害医务人员或者非法限制医务人员人身自由属违法行为	293	89.6
D. 倒卖医疗机构挂号凭证属违法行为	199	60.86
E. 严重扰乱医疗秩序的行为构成犯罪	258	78.9
F. 二级以上医院一律作为巡逻必到点,有条件的要设立警务室;三级以上医院必须设立警务室	207	63.3
G. 遇到醉酒、精神或行为异常患者就诊,要安排保卫人员陪诊	193	59.02
H. 以上皆不知	11	3.36
本题有效填写人次	327	

　　数据显示,课题组列举的医疗暴力立法及政策存在的问题,大多数都得到了被调查人员的认同,如表 7-10 所示。其中,占比在 80% 以上的依次为"未确立医疗暴力的预防机制"(占比 88.69%)、"没有单独的医疗暴力罪或医疗暴力处罚条款"(占比 87.77%)、"未规定对严重扰乱医疗机构秩序的个体适用专门的扰乱医疗场所秩序罪"(占比 86.85%)、"对轻微施暴者的处罚力度不够"(占比 86.24%)。占比最低的 3 项分别为"未明确医务人员接受防暴培训的权利"(占比 66.67%)、"未明确将医疗机构场所认定为公共场所"(占比 67.28%)和

"未规定处理医疗暴力不当的医疗机构领导的责任"(占比70.03%)。从调查结果可以看出,一方面,卫生从业人员认识到了"预防"在防控医疗暴力中的重要地位和作用;另一方面,也反映出其仍习惯性地偏重用刑罚来作为吓阻潜在施暴者的手段,而忽略医疗机构在医疗暴力防范中可能扮演的积极角色和医务人员自身意识的重要性。

表7-10 卫生从业人员对我国医疗暴力立法及政策不足的认知

选　项	小计	比例(%)
A. 未确立医疗暴力的预防机制	290	88.69
B. 未明确将医疗机构场所认定为公共场所	220	67.28
C. 未规定对严重扰乱医疗机构秩序的个体适用专门的"扰乱医疗场所秩序罪"	284	86.85
D. 未规定处理医疗暴力不当的医疗机构领导的责任	229	70.03
E. 未明确医务人员接受防暴培训的权利	218	66.67
F. 对轻微施暴者的处罚力度不够	282	86.24
G. 没有单独的"医疗暴力罪"或"医疗暴力处罚"条款	287	87.77
H. 关于医疗暴力的法律(广义,包括规范性文件)位阶低、不成体系	259	79.2
I. 其他	11	3.36
本题有效填写人次	327	

(三)卫生从业人员对处理医疗暴力执法、司法情况的认知

1. 卫生从业人员对处理医疗暴力执法情况的认知

(1)卫生行政主管部门执法中的不足

课题组从卫生行政主管部门在医疗暴力中有哪些作为的视角,设计具体项目去了解卫生从业人员对卫生行政主管部门执法不足的认知,如表7-11所

示。从调查结果来看,大多数的卫生从业人员认为卫生行政主管部门在医疗暴力防控中存在不足(每个选项的占比都在 6 成以上),尤其是"在医疗暴力事件的处理中以稳定大局为重,未充分维护医护人员合法权益"(选择此项的卫生从业人员有 277 人,占比 84.71%,排序第一)。不仅卫生行政主管部门在处理医疗暴力事件时存在这样的问题,医疗机构也存在这样的处理方式。

表 7-11　卫生从业人员对卫生行政主管部门在医疗暴力防控中作为的认知

选　项	小计	比例(%)
A. 对医院组织职工进行防暴培训和宣传的情况缺乏监督和检查	238	72.78
B. 未组织相关力量对医院安保人员进行专门培训	233	71.25
C. 对医院安保工作缺乏监督和检查	236	72.17
D. 未组织相关力量进行防暴演练	217	66.36
E. 未制定医疗暴力上报制度	199	60.86
F. 发生医疗暴力时介入不积极、不主动	234	71.56
G. 在医疗暴力事件的处理中以稳定大局为重,未充分维护医护人员合法权益	277	84.71
H. 法治宣传成效有限,民众法治意识有待提高	220	67.28
本题有效填写人次	327	

　　(2)公安机关执法中的不足

　　对于公安机关在医疗暴力中的执法情况,通过调查显示,卫生从业人员通过经历或传闻,大多数认为公安机关接到有关医疗暴力的电话后能及时到达现场。其中,选择一个小时内到达的有 262 人,占比 80.12%;选择不出警的仅有 5 人,占比 1.53%。而当医院(不限于被调查人员所在医院)发生医疗暴力时,公安执法人员到场后采取的措施,卫生从业人员认为不够强硬:选择"即使有暴力行为,只要未造成较大伤害后果,多以劝解或事后调解了事"和"只要暴力行为不过激,公安执法人员就在旁观看或口头劝解"这两项的最多(分别占比

74.31%和73.39%)。相应地,选择较强硬措施的最少(除"其他"选项外)——选择"以法律强制手段带走施暴者"的仅有93人(占比28.44%)。对公安机关执法情况的认知,因受被调查的卫生从业人员主观感受的影响,不能作为公安机关执法情况的实际反映,但也反映了一定的客观事实。

2.卫生从业人员对处理医疗暴力司法情况的认知

从调查结果来看,绝大多数卫生从业人员认为,对涉嫌医疗暴力的犯罪嫌疑人的处罚过轻,选择此项的共有271人(占比82.87%);仅有16人(占比4.89%)认为法院判决公平公正,2人(占比不到1%)认为判决过重,如表7-12所示。通过课题组深入访谈,得知大多数卫生从业人员得出上述结论,并非是在深入研究相关真实判例的基础上得出的,而主要是通过新闻对极少数案件的判决结果的报道加上自身的情感因素得出的结论,带有很强的主观因素。

表7-12 卫生从业人员对法院审判医疗暴力案件的认知

选 项	小计	比例(%)
A.公平公正	16	4.9
B.过轻	271	82.87
C.过重	2	0.61
D.未关注,不知道	38	11.62
本题有效填写人次	327	

(四)卫生从业人员对医疗机构在医疗暴力防范中的责任认知

医疗机构在医疗暴力防范中,应起到积极的作用而非在上级主管部门的监管下才开展相关的措施和手段。课题组以美国《医疗和社会服务工作者防止工作场所暴力指南》中所列的关于医疗机构应作为的项目为参考,设计了11个选项。从调查结果来看,大多数卫生从业人员认为,医疗机构应完成或采取选项所列之内容。除第11个选项"其他"外,其他选项的占比均超过50%,且绝大多数选项的占比在 80％左右,如表 7-13 所示。这一结果也反映了卫生从业人员迫切希望从医疗机构处得到安全庇护的心情。

表 7-13　卫生从业人员对医院针对预防医疗暴力应采取哪些具体措施的认知

选　项	小计	比例(％)
A. 向医护人员发放关于防暴的指南、手册或宣传资料	255	77.98
B. 对医护人员进行专门的防暴培训或预演	270	82.57
C. 制定防暴的规章制度或预案	277	84.71
D. 进行工作场所安保分析	257	78.59
E. 安装和定期维护报警系统,如报警钮、手持报警器、移动通讯步话机等	292	89.3
F. 安装固定的或发放手持式的金属探测器,以发现刀具或其他武器	229	70.03
G. 设立专门的医暴防处办公室	261	79.82
H. 24 小时使用内部监控	249	76.15
I. 在走廊交叉口设置凸镜	195	59.63
J. 保证可以庇护医护人员安全的房间或通道	260	79.51
K. 其他	4	1.22
本题有效填写人次	327	

第三节　民众对医疗暴力防控处理法治现状的认知

一、对民众篇问卷的总体设计

在针对民众设计的问卷中,除了基本信息部分外,内容部分主要分为 4 个部分:民众对医疗暴力的一般性认知情况、民众对防处医疗暴力相关立法的认知、民众对防处医疗暴力相关执法的认知,以及民众对防处医疗暴力相关司法的认知。可见,本问卷除了未涉及医疗机构在防处医疗暴力中应采取的措施这一部分外,其他部分内容的调查方向与卫生从业人员篇相同,故本节主要采取比较法对卫生从业人员和民众在同一问题上的认知进行分析和总结。

二、民众对医疗暴力防控处理法制的认知

(一)民众对医疗暴力的一般性认知情况

1.民众对医疗暴力内容的认知

同一问题,在民众中抽调却显示出相同的趋势不同的结果,即都是对"躯体暴力"的知晓情况最好,其次是"心理暴力",然后是"拉条幅、烧纸钱、停尸、摆花圈等扰乱工作秩序的行为",接着是"破坏医院/个人财产",最差的都是对"性暴力"的知晓情况。不同的是,民众对医疗暴力的认知度普遍低于卫生从业人员(占比均低于 90%,而卫生从业人员均高于 90% 甚至接近 100%),尤其是"性暴力",仅有 61.06% 的民众认为该项属于医疗暴力,而相应的是有 91.13% 的卫生从业人员认为"性暴力(包括语言、动作、身体接触等)"属于医疗暴力。民众对性暴力的认识存在一定的误区,有些人认为语言或动作上的挑逗仅属于行为不检点或道德上的问题,而未认识到这侵犯了医务人员的合法权益,从而可能引发纠纷甚至触犯法律。

在这一部分，课题组通过从个人体验和感受的角度，设计在极端情况下（如医护人员对其或其亲人的治疗中可能存在过错但却不承认错误、态度恶劣）民众可能采取的措施的问题，来侧面反映民众对医疗暴力内容的认知，通过其答案，来探测其内心对医疗暴力真实的认知和态度。通过调查结果可知，民众在极端情况下，大多数会采取理性的维权方式，如与医护人员据理力争（但克制冲动）、投诉、走法律途径等；但也有 16.73% 的民众明确表示，将采取责骂医护人员、与医护人员发生肢体冲突等暴力手段。而且，在这 16.73% 的人群中，有 11.73% 的人选择"与医护人员发生肢体冲突"，如表 7-14 所示。这一调查结果与上一个问题的调查结果基本相符，可以看出，部分民众对医疗暴力及其内容仍存在误区，认为在极端情况下，与医护人员发生肢体冲突或责骂医护人员是无路可走时被迫选择的事情（即"以暴制恶"）。在此种情况下，这些行为也就不是医疗暴力行为了，而是理所当然的。

表 7-14   民众在极端情况下采取的措施和手段

选 项	小计	比例(%)
A. 责骂医护人员	52	5
B. 与医护人员发生肢体冲突	122	11.73
C. 与医护人员据理力争，但克制冲动	268	25.77
D. 投诉、走法律途径等正当维权方式	598	57.5
本题有效填写人次	1040	

2. 民众对医疗暴力的获知途径

本调查问卷针对民众获知医疗暴力事件途径这一问题，也同样设计了两大方面 7 个问题（问题的内容与卫生从业人员篇相同），这两大方面分别为亲身经历或亲眼所见以及从他方得知，如表 7-15 所示。相比之下，民众与卫生从业人员最大的不同在于前者。在以卫生从业人员为调查对象的问卷调查结果中，虽然亲身经历医疗暴力较其他项占比最少，但也超过了被调查人员的一半人数，为 51.38%；亲眼所见医疗暴力的更是达到了 76.15%；而以民众为调查对象的问卷调查结果显示,被调查民众亲眼所见的医疗暴力仅有19.42%、亲身经历的占比更少(仅占9.81%)。调查组认为,这一结果并不能说明医疗暴力事件的数量多少,这是因为,一方面绝大多数被调查民众不可能长期与医院打交道或长时间身处医疗机构的场合中;另一方面,自己或亲人在就医过程中并非一定就会与医疗机构及其医务人员产生矛盾和冲突。这从另一个角度也说明,同一事件、同一时间,当事人的感受更深、关注度更高。

在"从他方得知"这一方面,民众通过"网络新闻报道"获知的占比最高(占比85.48%),这与调查卫生从业人员的结果基本吻合(该项结果占比排名第二,为91.74%),但"通过纸质的报纸杂志"获知和"他人口口相传"这两项的调查结果与调查卫生从业人员的调查结果相差甚远,前者分别是48.56%和25.48%,后者分别是80.12%和63.61%。

表7-15　民众对医疗暴力的获知途径

选　项	小计	比例(%)
A.纸质的报纸杂志	505	48.56
B.电视电台的报道	757	72.79
C.网络新闻报道	889	85.48
D.微信、微博或QQ等网络途径	699	67.21
E.亲身经历	102	9.81
F.亲眼所见	202	19.42
G.他人口口相传	265	25.48
本题有效填写人次	1040	

3.民众对医疗暴力主体的认知

(1)对施暴主体的认知

数据显示,民众同样认为医疗暴力施暴主体主要为患者、患者家属及患方雇用的人员,而且这三者间,同样是家属占比最高,达到90.19%(对卫生从业人员的调查结果是占比99.69%)。我国文化中有着牢固的家庭观念,疾病并非个体的事情,而是整个家庭的事情。在医疗过程中,患者往往处于虚弱的状态,故而对医疗机构及其医务人员不满而导致的暴力事件往往是由患者家属发起的。数据同样显示,民众对医疗暴力施暴主体的认识不全面,认为外来者(如非患者身份的精神病患者、抢劫犯等)系施暴主体的仅占比31.06%,比卫生从业人员的56.57%更低。

(2)对施暴对象的认知

从调查结果来看,民众对医疗暴力施暴对象的认知,与卫生从业人员的认知有相同之处也存在不同之处。相同之处在于医护人员、医院的行政管理人员、医院的其他工作人员都是名列前三;不同之处在于,卫生从业人员对患者亲属、医院所有的人、医护人员亲友这三个选项的选择比率基本一致,都在44%左右,而民众的选择结果则存在一定差距:选择"医院就诊的患者及其家属"的占比46.06%,选择"医院场所内的所有人"的占比30.77%,选择"医护人员的亲友"的占比24.04%,如表7-16所示。这说明民众与卫生从业人员一样,对医疗暴力内涵的理解存在一定的偏差,即将医疗暴力与医疗纠纷混同,认为医疗暴力针对的并非特定的主体,而主要是医患双方。主体界定不清必定导致模糊的权责关系,从而不利于问题的解决和防控。

表7-16 民众对医疗暴力施暴对象的认知

选项	小计	比例(%)
A. 医护人员	860	82.69
B. 医院的行政管理人员	730	70.19
C. 医院的其他工作人员	615	59.13
D. 医院就诊的患者及其家属	479	46.06
E. 医院场所内的所有人	320	30.77

选 项	小计	比例(%)
F.医护人员的亲友	250	24.04
本题有效填写人次	1040	

4.民众对医疗暴力产生原因的认知

数据显示,与卫生从业人员一样,民众认为产生医疗暴力的直接原因主要是医患纠纷,而忽略或不知患者本身疾病引发的暴力行为实则是医疗暴力的主要来源。近7成被调查民众不认为"精神病人实施暴力"和"敏感喜暴力的患者突然的情绪暴发"属于医疗暴力,大多数人员也不认同"医护人员自身缺乏相关培训"是医疗暴力产生的直接原因,如表7-17所示。民众的这一认知与卫生从业人员的认知基本相同且更加偏颇,同样反映出我国学界和实务界对医疗暴力内涵的界定不清晰、不统一。

表 7-17 民众对医疗暴力产生的直接原因的认知

选 项	小计	比例(%)
A.患者及其家属认为存在医疗过错	808	77.69
B.患者及其家属认为医护人员态度不好	682	65.58
C.患者认为医护人员医德缺失	723	69.52
D.患者及其家属认为收费不合理	525	50.48
E.患者及其家属质疑医疗服务质量	671	64.52
F.精神病人实施暴力	236	22.69
G.患者及其家属对治疗效果不满意	617	59.33
H.敏感喜暴力的患者突然的情绪爆发	327	31.44

选　项	小计	比例(%)
I.医护人员缺乏识别和管理具有敌意和攻击性 行为的培训,激化暴力	372	35.77
J.其他	34	3.27
本题有效填写人次	1040	

(二)民众对医疗暴力危害的认知情况

为了解民众对医疗暴力危害的认知情况,课题组在问卷中设计了两个问题,一是从正面列举了医疗暴力的危害有哪些,请被调查人员进行选择,如表 7-18 所示;二是从"医疗暴力有无警示医生减少违规行为的作用"这个层面去了解民众对医疗暴力危害真正的认知,如表 7-19 所示。从第一个问题的调查结果来看,大多数民众对医疗暴力的直接危害有所认识,但对于医疗暴力的间接危害,即"降低医疗服务质量"、影响患者的治疗、危及其他病患的生命安全这一危害的认知尚存在差距,仅有 42.5% 的民众选择这一选项。从第二个问题"医疗暴力有无警示医生减少违规行为的作用"的调查结果来看,有一半以上的民众选择"有",仅有 21.63% 的民众选择"没有"。这从一定程度上说明,对医疗暴力的态度上,民众是持双重标准的,他们一方面理性地认为医疗暴力是有危害的,另一方面则认为这对医生减少违规行为有作用。这种认知可能导致的结果是,对医疗暴力尤其是因为医疗过错而导致的医疗暴力持一种包容甚至纵容的态度,这将不利于我国医疗领域法治的构建。

表 7-18　民众对医疗暴力危害的认知情况

选　项	小计	比例(%)
A.严重干扰正常的医疗工作秩序	847	81.44
B.影响医务人员的工作和生活	780	75
C.威胁或伤害医务人员的人身安全	843	81.06

选　项	小计	比例(%)
D.加重医护人员心理负担(可能导致其防御性治疗或不敢实践新技术甚至在工作中出现失误)	757	72.79
E.导致医患关系更加紧张	738	70.96
F.降低医疗服务质量	442	42.5
G.其他	9	0.87
本题有效填写人次	1040	

表 7-19　民众"医疗暴力有无警示医生减少违规行为的作用"的回答

选　项	小计	比例(%)
A.有	537	51.63
B.没有	225	21.63
C.不清楚	278	26.73
本题有效填写人次	1040	

(三)民众对防处医疗暴力相关立法的认知情况

为了解民众对我国目前防处医疗暴力相关立法的认知情况,我们在问卷中设计了 4 个问题:第 1 个问题设定了特定的条件,即医疗暴力系因医疗纠纷导致,在此种情况下,患方的暴力行为应否受到法律的制裁,请被调查人员进行选择(单选);第 2 个问题请被调查人员从行政处罚和刑事处罚是否过重的角度,对现有立法进行评判;第 3 个问题列举了应受法律制裁的几种行为,请被调查人员进行选择,以了解其对现在法律规定的知晓程度;第 4 个问题了解被调查人员对专门针对医疗暴力进行立法的态度。从以上问题的调查结果来看,一方

153

面,民众对我国医疗暴力立法的认知以及其中反映出来的法治意识是正面的、正向的,主要体现在第 1、2、4 个问题的调查结果上;另一方面,民众对我国医疗暴力具体的立法规定了解程度不高,主要体现在第 3 个问题的调查结果上。从第 1 个问题的调查结果来看,绝大多数民众在此问题上是理性的,并不因为医疗暴力是医疗纠纷导致的而对施暴者有所偏袒,有 93.17% 的被调查人员选择患方应为其暴力行为承担相应的法律责任;在第 2 个问题中,67.69% 的被调查人员认为现有立法中,对施暴者的行政处罚和刑事处罚并非过重;在第 4 个问题中,有 94.13% 的被调查人员认为应针对医疗暴力进行专门立法,这从侧面反映出民众已认识到医疗暴力的危害以及法治在预防和治理医疗暴力中的重要作用。

但从第 3 个问题的选择结果可以看出,民众对与医疗暴力有关的现有法律制度了解有限,如表 7-20 所示,仅有"非法携带易燃、易爆危险物品和管制器具进入医疗机构"和"侮辱、威胁、恐吓、故意伤害医务人员或者非法限制医务人员人身自由"两个选项的占比达到 8 成以上(分别为 84.13% 和 87.12%),对于其他非显性问题,如"倒卖医疗机构挂号凭证"这种破坏医疗秩序但没有伤害人身体的行为,有近 4 成的民众认为其不属于应受到法律制裁的行为;甚至对"严重扰乱医疗秩序的行为",也有 32.5% 的民众认为其不应受到法律的制裁。课题组对民众和卫生从业人员的对相同选项的认知情况进行了一个横向比较,比较后发现,两者相同之处在于:对于"侮辱、威胁、恐吓、故意伤害医务人员或者非法限制医务人员人身自由是违法行为",两方的认知程度都是最高的(分别为 87.12% 和 89.6%),对于"倒卖医疗机构挂号凭证属违法行为",两方的认知程度基本相同(分别为 60.38% 和 60.86%)。两者不同之处在于:对于"在医疗机构焚烧纸钱、摆设灵堂、摆放花圈、违规停尸、聚众滋事应受到法律制裁属违法行为"和"严重扰乱医疗秩序的行为构成犯罪"这两个选项,卫生从业人员的认知程度比民众高(前者分别为 89.6% 和 78.9%、后者分别为 74.9% 和 67.5%),对于"非法携带易燃、易爆危险物品和管制器具进入医疗机构应受到法律制裁是违法行为"这一选项,民众的认知程度又略高于卫生从业人员(前者为 84.13%、后者为 76.45%)。

表 7-20 民众"医疗暴力有无警示医生减少违规行为的作用"的回答

选 项	小计	比例(%)
A. 在医疗机构焚烧纸钱、摆设灵堂、摆放花圈、违规停尸、聚众滋事	779	74.9
B. 非法携带易燃、易爆危险物品和管制器具进入医疗机构	875	84.13
C. 侮辱、威胁、恐吓、故意伤害医务人员或者非法限制医务人员人身自由	906	87.12
D. 倒卖医疗机构挂号凭证	628	60.38
E. 严重扰乱医疗秩序的行为	702	67.5
F. 以上皆不会	8	0.77
本题有效填写人次	1040	

同时,为了了解民众对我国医疗暴力防处立法的期望,课题组在问卷中设计了一个问题,如表 7-21 所示。这个问题共设 8 个选项,除最后 1 个选项"其他"外,其他选项皆有具体的内容指向。从选择的结果来看,排序最前的两项是"出台一系列关于整治'医闹'和医疗暴力的法律法规"和"开展严打医疗暴力行动,对施暴者快捕快诉"(分别占比 80.77%、62.98%)。这一结果一方面表明民众意识到"立法先行"的重要性和严格执法的关键作用,另一方面表明了民众对医疗暴力应从法治上予以预防和控制的理性认识。除了此两项外,其他选项的占比都不高,皆在一半左右。尤其值得注意的是,对于"要求医院按床位数量设置保安人数"这一在我国学界存在争议的立法规定,仅有 400 人选择了该项(占比 38.46%),这一结果表明民众对"设置保安"这种行为的效果怀疑甚至反感。

表 7-21 民众对国家政策法律中具体措施的作用的认识

选 项	小计	比例(%)
A. 要求医院按床位数量设置保安人数	400	38.46
B. 开展严打医疗暴力行动,对施暴者快捕快诉	655	62.98

续　表

选　项	小计	比例(%)
C.出台一系列关于整治"医闹"和医疗暴力的法律法规	840	80.77
D.要求医院配备安检设施、设置警务室等	604	58.08
E.处理媒体上的虚假负面医疗报道	481	46.25
F.加强对医务人员的管理	559	53.75
G.对医疗事故严格执法	561	53.94
H.其他	5	0.48
本题有效填写人次	1040	

(四)民众对处理医疗暴力执法、司法情况的认知

1.民众对公安机关处理医疗暴力情况的认知

虽然对卫生从业人员和民众都就此问题进行了调研,但是课题组在设计问卷时既有相同之处也存在差异性:对前者除了解公安机关公安执法人员严格执法的实际情况,还了解了其执法的及时性;后者则仅了解公安执法人员严格执法的实际情况。对结果进行对比后发现,对公安执法人员到场后采取的措施,卫生从业人员的认知和民众的认知刚好相反。卫生从业人员认为不够强硬,而民众认为其手段强硬。卫生从业人员选择"即使有暴力行为,只要未造成较大伤害后果,多以劝解或事后调解了事"和"只要暴力行为不过激,公安执法人员就在旁观看或口头劝解"这两项最多(分别占比74.31%和73.39%);而民众选择这两项的最少(分别占比43.37%和46.73%)。卫生从业人员选择较强硬措施的最少(除"其他"选项外)——选择"以法律强制手段带走施暴者"的仅有93人(占比28.44%),相应地,民众选择较强硬措施的却最多——选择"以法律强制手段带走施暴者"的占比64.52%(排序第二)。由此再一次印证,对公安机关执法情况的认知,主要受被调查人员主观感受的影响,不能作为公安机关执法情况的实际反映。

2.民众对处理医疗暴力司法情况的认知

　　课题组对卫生从业人员和民众都设计了这一问题,且问题的选择内容完全相同。对比两者的调查结果后发现,民众认为法院对医疗暴力案件的判决较为公平公正,选择此项的共有 425 人(占比 40.87%),而相对应的是,卫生从业人员选择此项的仅有 16 人(占比 4.89%);绝大多数卫生从业人员认为,对涉嫌医疗暴力的犯罪嫌疑人的处罚过轻,选择此项的有 271 人(占比 82.87%),而相对应的是,民众选择此项的仅有 379 人(占比 36.44%)。与卫生从业人员一样,民众对此问题的选择也是从自己的立场出发的并带有强烈的主观色彩。

(王海容、范颂)

第八章　我国医疗暴力防控的法治方略

第一节　完善医疗暴力防控的立法

近十几年来,我国医疗暴力事件时有发生,已成为社会转型时期一项突出的特征,严重制约着社会秩序的稳定,引起了社会各界的广泛关注[①]。恶性医疗暴力事件的发生,严重制约着医疗机构的正常运行,同时也对医务工作人员受到身体、心理健康造成了不可挽回的伤害,甚至导致医务工作人员受重大伤害或者死亡。顺应当前我国社会主要矛盾业已变化这一实际,笔者认为有必要在法治层面对医疗暴力进行一定程度的防控,以期缓解乃至解决医疗卫生领域人们就医的需要与医疗资源发展不平衡不充分这一主要矛盾。于此,本章从完善医疗暴力防控的立法、规范医疗暴力防控的行政执法、加强医疗暴力案件的司法公正和医疗暴力防控的法治环境保障等 4 个方面进行探讨,期冀能将医疗暴力的"恶性"控制在有限的范围内,抑或能将医疗暴力扼杀在"摇篮之中"。

亚里士多德曾说,法律实质上就是秩序,拥有了好的法律才能保障好的社会秩序存在。罗尔斯亦云,法律如果要想得以顺利实现,则应当与公平正义保持一致。如此一来,所谓好的法律,那就理所应当是为实现公平、维护公正的法律。公平正义的前提,则要求立法者应当以原初状态下的无知之幕为思维基础,找寻混沌状态下的矛盾双方都能欣然接受的权利分配标准。就一个立法活动而言,不管它的制定如何契合原初的立法本意或精义,不管它的颁布如何准

---

① 徐昕、卢荣荣:《暴力与不信任——转型中国的医疗暴力研究:2000—2006》,《法制与社会发展》2008 年第 1 期,第 82—101 页。

确地与法律教科书的描述保持一致,也不管它的实施能否得到专业人员的夸赞,如若它与社会和市场经济的运作相背离,那么它就是错的①。故,真正的法治应是亚里士多德所言的"良法善治",只有有效保证法律本身公平正义,患者在遇到具体的医疗事故或者医疗意外时,才会主动放弃私力救济;确切地说,放弃医疗暴力行为,进而采取合法途径捍卫自身权益。因此,在立法过程中,医疗机构应将以往极为推崇的狭隘的集团利益观视为立法中的"绊脚石""拦路虎",不能将有关医疗卫生领域法律异化为宣泄自己集团欲求的实用工具,当警醒自己,唯独公平公正的法律方是民众解决业已存在的医疗事故或医疗意外的最佳法律途径,依靠公力救济解决已经存在的医疗事故或医疗意外,才是医疗机构能够选择的不二路径,这样才是最为理性、最为安全的医患矛盾解决方式,才能尽可能地为医疗机构提供更好的法律保护②。

从业已发生的众多医疗暴力案例来看,其中存在的法律关系牵涉医患双方不同的诉求。值此之际,立法者更应以与医患双方均无利害关系为前提,不偏颇倾向于任何一方,即"扮演中立第三人的角色,既不知晓以后自己会成为医方还是患方"的思维模式,寻求医疗暴力事件发生时双方都一致认可的公平公正标准。于此,亟须调整现有医疗卫生领域相关法律制度,以期能够助益祛除医疗暴力事件发生后法律适用的"二元化"异常现象③。随着我国法治化建设的逐步推进,医疗卫生领域也顺应新时代发展要求相继出台了一些涉及医疗暴力事件处理的法律规范,在一定程度上为此类暴力事件的防控提供了指引④。但是,囿于我国部门法律发展的具体情况,更多的法学理论者都会选择致力于部门法律的研究;加之,迄今为止,医事法律抑或卫生法律还尚未"晋升"成大众普遍所

①　苏力:《法治及其本土资源(第三版)》,北京大学出版社 2015 年版,第 110 页。
②　王树华:《暴力伤医事件的医方反思》,《医学与哲学》2016 年第 37 卷 5A 期,第 74—76 页。
③　于洋:《面对"医闹及暴力伤医"现象的法律思考》,《哈尔滨医药》2014 年第 34 卷第 3 期,第 171 页、第 173 页。
④　如自 2018 年 10 月 1 日起施行的《医疗纠纷预防与处理条例》中涉及"公安机关依法维护医疗机构治安秩序,查处、打击侵害患者和医务人员合法权益以及扰乱医疗秩序等违法犯罪行为"的内容。

认同的独立部门法律①,涉足医疗卫生法学领域的学者少之又少,对该法律领域的研究也就不够深入,故言及具体法律法规的制定时,立法者的立法建议便有些捉襟见肘,致使出台的涉及医疗暴力内容的医疗卫生领域立法欠缺应有的理论深度和实务操作水平,更多蕴含着民事领域的立法特征。除此之外,医疗卫生领域立法还存在违背"专业的人做专业的事"这一规律;概言之,即制定医疗卫生法律的人员并不熟悉实际存在的医疗卫生法律问题,这直接导致我国医疗卫生领域立法存在诸多局限性,不同种类的医疗卫生法律、法规规定之间分歧存异,从而导致在医疗暴力事件发生之后,因为适用法律口径的不一致性,导致不能及时有效地解决实际问题②。同时,涉及医疗暴力相关行政执法事项的行政立法内容,以及刑事处罚规定也远远不能解决现实的需求。总而言之,医疗卫生领域立法因客观条件、主观条件的制约,存在诸多不足,不尽完善,亟须从一些细微的地方着手改进。针对当下时有发生医疗暴力事件,笔者认为,有必要从民事、行政、刑事三个维度精炼现有医疗卫生领域的法律规定,以便消弭医疗暴力事件处理上的法律不公、不足。

一、完善民事相关立法

(一)加强医疗暴力相关民事立法

修订完善《医疗事故处理条例》(以下简称《条例》),一是严格区分该《条例》与其他相关法律、法规规定的关系,厘清二者之间存在的问题,并根据法律位阶原则具体适用。如《条例》和《侵权责任法》中均有关于医疗暴力事件处理的具体规定,但具体规定并不尽相同,甚至存在相互冲突矛盾的地方,即我们所谓的法律适用"二元化"现象。此类情形的出现,严重损害了我国法律的威严性和统一性,严重制约着法院作为法庭正义"输出者"审判功能的发挥,故亟须统一医

----

① 部分高校虽已开设医事法学课程,招录了医事法律硕士,如西南医科大学、北京中医药大学,但对系统的医事法律研究还不够深入。
② 包桂丽、郭启龙、于学靖:《法律维度下解析我国的暴力伤医行为》,《经济研究导刊》2017年第19期,第197-199页。

疗卫生领域立法,对其中涉及医疗暴力行为的内容进行有效规整。二是调整医学鉴定相关立法。时至今日,我国医学鉴定已然呈现医学会"一家独大"、单独支撑起医学鉴定的格局,长此以往极易形成"寡头垄断",滋生不公正现象。鉴于此,可考虑调整目前仅仅由医学会进行医学鉴定的单一模式,改由与医患双方均无直接利害关系的独立第三方机构进行医学鉴定,而独立第三方机构的属性类似于公证机构,由司法行政部门进行具体管理。同时,明确规定医学鉴定独立第三方机构专家组成人员的产生方式,可采取通过建立医学专家库、随机匿名抽取产生的方式。就涉医疗暴力案件而言,医学鉴定独立第三方机构以自己名义对外承担法律责任,同时,可增加医学鉴定专家在涉医疗暴力鉴定意见上签字或者摁手印的规定,以示对个人鉴定结果负责,如果因自身原因致使鉴定意见失真、失效,在独立第三方机构承担责任之后,可追究相关鉴定人员的具体责任。在特殊情形下,保障强制医疗鉴定专家出庭作证等程序性设置,以保证我国医学鉴定的独立性、公正性和鉴定意见的准确性。为了有效及时地加强对医疗暴力事件的防控,有必要在最高人民法院公布的指导性案例中添设专业性极强的医疗暴力案件作为指导性案例。三是强化患者及其亲属在医疗暴力事件中的主体地位,增加举证责任倒置的具体规定。此项内容主要体现在要求医务人员证明自己在完整的医疗服务法律关系存续期间不存在过错,包括故意和重大过失两类,而不是由患者及其亲属承担相应的举证责任。通过鼓励医务人员进行"免责"过错证明,进而证实患者及其亲属医疗暴力行为实施的不合理性。四是《条例》中可适当增加医疗暴力行为"行政责任"和"刑事责任"的划分。在我国现行法律、法规的涵摄范围下,该法规是作为追究医疗暴力行为行政责任和刑事责任的重要依据,也是明晰医疗暴力行为所涉民事责任、行政责任及刑事责任的重要准绳。如果医疗暴力事件涉事主体涉及行政违法,卫生与健康委员会等卫生行政主管部门可对违法的施暴者以及相关人员实施相应的行政处罚,如果医疗暴力行为触犯我国现行《刑法》规定,构成刑事犯罪,公安机关、人民检察院等有关机关则可依法启动刑事诉讼程序,依法追究施暴者及相关人员的刑事责任,依法保护患者、医疗机构及其医务人员的切身利益①。

(二)立法保护患者权利,构建相互信任的医患关系

我国医疗卫生领域立法规定中,关于患者权利的内容主要散见于《执业医师法》《医疗机构管理条例》等法律、法规规定之中。迄今,我国尚未形成一部专门对患者权利做出单独规定的法律、法规,更不用说形成体系化的规定,在实际操作中,对患者权利的保障自然也会存在分歧。加之,现行的法律、法规主要是对医疗机构及其医务人员进行管理,而对保障患者权利的内容并没有更多更具体的细则加以解释。从西方发达国家的经验来看,患者的权利就是医疗机构及其医务人员的义务,医疗机构及其医务人员有义务保障患者的权利,这些都必须有成文的法律、法规规定和极具操作性的执行准则。只有如此,方能使患者在医疗服务过程中真正实现"应然"权利向"实然"权利的过渡,进而明晰医疗服务过程中医患双方的权利与义务边界,与医疗机构及其医务人员建立信任关系,最终有效预防医疗暴力事件的发生②。

(三)健全医务人员人身权益保障法律、法规

相较签订合同、承包经营、遗产继承等其他民事法律行为而言,医疗行为是一种高风险行为,即便医务人员严格遵循医院规定的章程,实施了正确的治疗方法,采取了尽善尽美的护理手段,也未必能够获得预期理想的疗效。换言之,由于受医学技术、设备仪器及医务人员临床表现等因素制约,医疗过程具有潜在的风险性,有可能发生并发症或者医疗意外,未能尽数达到患者及其亲属的预期,进而诱发医疗暴力事件的发生。医疗行为本身存在风险性高、技术难度系数大和复杂多变等特征,决定了医疗意外或并发症的不可避免性,对医务人员而言,也具有较大危险性。因此,需要采取相应具体的方法保护医务人员的人身安全,为"白衣天使"插上会飞的翅膀,而不是让他们折翼。加之,现行法律

---

① 胡永正:《当前医疗暴力事件之思考》,《广西警官高等专科学校学报》2015年第28卷第6期,第10—14页。
② 袁琦、胡立和:《西方国家治理暴力伤医的经验与借鉴》,《湖南工业大学学报》(社会科学版)2017年第22卷第5期,第53—56页。

虽对医务人员人身权益保护起到了一定的保驾护航作用,但缺乏相应的张力和执行力。为有效解决当前法律、法规规定对医务人员权益保障不力的难题,建议在专门性立法中针对医务人员的人身权益予以法律保护。同时,在《侵权责任法》中也应添设相应条款,明确规定侵害医务人员人身权益所应承担的法律责任①。

概言之,缓和乃至破除医疗暴力事件频频发生的坚冰之旅,从立法的角度来讲,对医务人员的保护应当是放在首位的;相应地,也需对侵害医务人员合法权益的行为施以严厉的法律制裁。相较于美国、我国台湾地区医疗暴力事件发生率及暴力危害程度,我国内地医疗暴力事件发生得更为频繁。近十几年来,恶性医疗暴力事件发生率呈逐年上升趋势。长此以往,医务人员的身心健康岌岌可危,亟须以立法的形式做出更为明确的规定,切实保障医务人员的合法权益;相应地,也需配备更为严厉的法律制裁措施来惩罚医疗暴力行为者。在我国现今医疗卫生领域内,就立法而言,针对医务人员的立法主要为《执业医师法》②,这部法律规定内容繁杂,其中不乏关于保护医务人员人身权益的内容规定,但因陈设过于简单、笼统,不具备实际可行的操作性措施,进而无法真正保障医务人员在法律保护范围内拥有一席之地,也很难让社会大众意识到医疗暴力行为的法律严禁性、危害严重性。因此,建议全国人大或者全国人大常委会能通过一部专门保护医务人员合法权益的《医务人员权益保护法》,或者由国家卫生与健康委员会牵头制定一部《医务人员权益保护条例》,详细规定医务人员合法权益保障的相关内容,让医务人员在运用法律武器维护自身合法权益时底气十足,进而方便具体操作落到实处。与此同时,地方立法部门也应积极配合,在全国人大或其常委会的主导下,抑或在国家卫生与健康委员会指引下,践行相关法律、法规规定,让文本上的法律变得更加鲜活。

---

① 石悦、张琴:《暴力伤医背景下医务人员权益保护的法律思考》,《医学与法学》2015年第 7 卷第 2 期,第 37－39 页。

② 《执业医师法》第四十条规定:阻碍医师依法执业,侮辱、诽谤、威胁、殴打医师或者侵犯医师人身自由、干扰医师正常工作、生活的,依照《治安管理处罚条例》的规定处罚;构成犯罪的,依法追究刑事责任。

二、规范行政执法事项立法

经验证明，人们对警察权的恐惧，与对严重犯罪的恐惧成反比。换言之，犯罪猖獗时，人们容忍警察权；秩序良好时，人们限制警察权①。就当下我国实际情况来讲，社会治安秩序基本处于稳定的状态，但不排除在一些特殊地区、特殊行业还存在制约社会稳定的不稳定因素。比如，就行业来讲，医疗卫生领域问题突出，尤其是日益猖獗的医疗暴力事件，值得我们进一步思考。就医疗暴力事件的防治，我国应出台一些应对医疗暴力事件的规范性文件。针对可能演化为医疗暴力犯罪的事件，我们需要在违法行为发生之前进行有效预防，重视其可能的变化趋势，一旦出现违法情况，应进行集中治理，用行政处罚手段进行有效控制，预防其进一步转化为犯罪。其中，亟须明确医疗暴力行政执法事项内容，鉴于不同地方、不同层级的医疗机构及其医务人员医疗技术的差异性，可采取出台规范性文件的方式针对不同地方的医疗现状进行"量身"规范。立法还应该明确规定医院是事关患者生命安全的公共场所，保证医疗机构安全不只是医疗机构内保的责任，还应加强执法权的有效性、权威性和震慑力，很多辱骂、纠缠、推搡、打人无法取证的情形是执法的空白地带，应得到重视。

建立全方位的暴力风险评估与防治机制，回到暴力预防的层面，美国在实务工作上之所以能建构分层负责的预防与安全体系，乃是对于医疗暴力的专业向度，进行全方位的学术探讨与资源整合，涵摄从中央层面到地方政府，再到各医疗机构，同时还横跨各种专业领域。其中，或由于管理学的强势劲头，美国在此议题上十分重视风险评估与管控，并引入行为科学在临床实务的应用，在医疗暴力防治机制建立后，更强调反复评估计划成效与不断主动改进的重要性。而这些都是我国目前在面对医疗暴力时亟待补足的。结合我国的特殊国情，可吸纳建构暴力风险评估与防治机制，让行政机关更多地参与其中，在暴力事件发生之前进行预防演练，发生之时及时进行处理，发生之后反思总结，预防事件

---

① ［美］彼得·德恩里科、［中］邓子滨：《法的门前》，北京大学出版社 2012 年版，序言第 3 页。

的恶化和再一次循环发生。

三、推进医疗暴力入刑

刑事处罚的轻重,本应当保持同犯罪行为者所犯下的罪行和所应当承担的刑事法律责任相适应;同时,由于各个处罚刑种的严厉性而要求不同罪名之间存在一定的梯度层次,方能显得其具有公平性,结合我国当下法律运行状况,管中窥豹,笔者认为我国刑事法律中规定的医疗机构承担的刑事责任存在些许不当①。问题是时代的声音,伟大的时代呼唤新的理论,伟大的实践催生新的方略,在新时代背景下,我们虽着重强调法治建设在医疗卫生领域的逐步推进,褒扬甚至广为宣传、推送患者依法维权的典型案例,然而,法治社会建设并非如此,相反,我们更应寻求一种缓解、解决矛盾双方的平衡机制。

(一)加强刑事立法,完善医疗卫生领域法律体系

依法办事是合理处理"医闹"、医疗暴力等突发性事件的基本原则。"两害相权取其轻",法律是最低限度的道德,当道德和信仰无法约束患者及其家属的医疗暴力行为、保护医务人员的基本人身权益的时候,我们只能期待通过国家法律的修补完善,以法律、法规的形式为医务人员基本的人身安全构筑最后一道防线②。故此,建议立法机关在修改、完善法律、法规的时候,在涉及医疗暴力行为具体条款的刑罚幅度上,提升相关刑罚基点,加大对医疗暴力行为的规范制裁力度,针对不同类型的医疗暴力行为适用不同的法律条款进行惩处。同时,建议在《刑法》中增设"医疗暴力罪",将对"医闹"的处罚作为基本类型纳入其中,并参酌医疗暴力行为的严重程度作为定罪量刑的从重处罚情节予以

---

① 具体而言,我国《刑法》规定,同样造成死亡的:医疗事故罪为"三年以下有期徒刑或者拘役",非法行医罪为"十年以上有期徒刑,并处罚金",过失致人死亡罪为"三年以上七年以下有期徒刑"。

② 包桂丽、于学靖:《医院场所暴力伤医现状及法律对策研究》,《中国医院》2017年第21卷第10期,第60—62页。

考量①。

(二)加大刑法惩罚力度,将医疗暴力罪纳入刑法

在实务中,针对涉医违法犯罪行为的罪名大多为故意伤害罪和寻衅滋事罪。但对于群体性冲击医院、医疗机构的行为,由于没有明确的司法解释来确定"情节严重"的情形,无法以聚众扰乱社会秩序定罪。而现今"医闹"已经入刑,表明法律既要关注患者的就医权,也要保护医疗机构及其医务人员的人身、财产权益②。其中,对现今社会上频发的"医闹"事件,将其纳入刑法的规制范围。如此一来,为今后解决类似"医闹"的医疗暴力行为提供了一个直接的法律依据。虽然我国之前的刑法条文中,对聚众扰乱社会秩序的行为也有相应的处罚规定,但没有涉及对"医闹"行为进行规制的具体规定。至此,将"医闹"具体内容明确写入刑法条文,既彰显法治刚性,也势必会产生巨大的威慑力,让"医闹"特别是那些职业"医闹",不敢轻举妄动③。

(三)遵循"举轻以明重"机理

刑罚的执行,如若入刑,遵循"举轻以明重"的机理,虽也受制于罪刑法定原则,不宜做过宽的解释,但将医疗暴力行为纳入我国刑法规制的范围之中,主要目的在于预防医疗暴力行为的发生和及时惩处业已发生的医疗暴力行为。基于此,我们应清晰认识到该类暴力行为的特殊性,主要包括受害群体、危害结果、最终造成的社会影响,都与普通的刑事暴力行为存在差异。故,笔者主张将医疗暴力行为纳入刑法规制的范围内,并不是基于医务人员存在何种特殊的身份,而是在于医疗暴力行为原本就是刑事法律理应特别禁止的行为。就对社会的影响而言,医疗暴力行为的社会危害性不亚于其他普通暴力行为,执法者(包

---

① 笔者认为,"医闹"仅属医疗暴力行为的基本刑种,是医疗暴力行为中最为基础的一部分,"医闹"入刑,并不能完全表示医疗暴力已入刑,尚需刑法条文予以明确规定。

② 《刑法修正案(九)》第二百九十条第一款规定:聚众扰乱社会秩序,情节严重,致使工作、生产、营业和教学、科研、医疗无法进行,造成严重损失的,对首要分子,处三年以上七年以下有期徒刑;对其他积极参加的,处三年以下有期徒刑、拘役、管制或者剥夺政治权利。

③ 李玫:《暴力伤医案件的思考》,《江苏卫生事业管理》2015年第6期,第6—8页。

括公安警察、行政执法人员等)应当清楚洞察其显性和隐性的后果、现实和潜在的后果、直接和间接的后果。要严厉予以打击对医务人员人身造成严重伤害的暴力行为,对没有造成严重伤害的暴力行为,也不能持姑息之态,单独将其纳入刑法规制范围能够更好地起到预防医疗暴力行为者施暴的警示作用。在具体量刑方面,可与故意伤害罪、故意杀人罪、寻衅滋事罪进行比较分析,在最低刑规定方面可略高于普通的暴力行为犯罪,在量刑幅度上,可与之持平或者略微高出①。总而言之,应将医疗暴力行为纳入刑法规制范围,依法作为法定量刑情节,同时,根据犯罪情节轻重做出区分,情节较轻的,如"医闹"行为,可按照《刑法》中刑罚较轻的规定施加处罚;情节严重的,比如暴力伤害医务人员的,则可根据《刑法》中刑罚基点较高的规定施以刑罚;医疗暴力行为社会危害性非常严重的,应当从重处罚。

对恶性医疗暴力事件,我们应保持"零容忍"。如"徐州杀医案"凶犯田某某被依法判处死刑,"天津杀医案"凶犯王某某被依法判处死刑,"东莞长安医院杀医案"凶犯卢某某被依法判处死刑,"四川绵阳报复烧医案"凶犯谢某某被依法判处死刑,"温岭杀医案"凶犯连某某被依法判处死刑,"衡阳杀医案"凶犯王某某被依法判处死刑,"内蒙古包钢杀医案"凶犯李某某被依法判处死刑,"安徽医大杀医案"凶犯彩某某被依法判处无期徒刑⋯⋯在病痛面前,医务人员与患者及其家属本应是同一战壕的战友,保障医务人员的身心健康,是对每一个患者健康的最好保护。鉴于此,笔者建议,应将医疗暴力行为上升到法律规制的层面,补充进我国现行的《刑法》之中,针对不同情形的医疗暴力行为,依循医疗暴力罪这一总括性罪名进行定罪量刑。

第二节　规范医疗暴力防控的行政执法

随着我国医疗卫生技术的蓬勃发展,现有医疗技术基本上能够攻克现有的

---

① 包桂丽、于学靖:《医院场所暴力伤医现状及法律对策研究》,《中国医院》2017 年第 21 卷第 10 期,第 60—62 页。

大多数疑难病症,但问题的出现总是在答案之前,总还是存在一些医疗卫生技术的"盲区"。在此语境下,医疗事故或者医疗意外的发生便是不可避免的;与此同时,由于信息的不对称和医患双方的认知差异,对待医疗事故或医疗意外的发生,患者及其家属易意气用事,更多倾向于通过肆意起哄、打砸等违法手段,最终演化为严重干扰医疗机构正常秩序和严重侵害医务人员人身权利的暴力行为,尤其是对那些期望采取上述暴力行为或者极端行径从中牟取经济利益的人群,应当根据我国《刑法》关于扰乱社会秩序罪的规定,依法追究相应的刑事责任,给予严厉的惩处[①]。总的来说,医疗暴力行为大多数因仇恨而发,而仇恨行为则被认为比其他违法行为更为有害,因为它们"更可能引起报复、对受害人施加明显的情感伤害,并引发社会严重不稳定[②]"。因此,也需要积极探寻防控医疗暴力行为的行政执法思路。

一、预防医疗暴力违法行为

明确医院的公共场所属性。"在很多案例中,给医务人员造成的是轻微伤,是否要按照扰乱社会秩序罪来追究责任? 在病房、门诊大厅摆花圈、设灵堂扰乱了正常的诊疗秩序,侵犯了医院利益,也侵犯了其他患者利益。"至此,应考虑将医院明确定义为"公共场所",加强法律威慑力。根据现行有关法律、法规的规定,同时从职责范围上做出界定,公共场所的治安秩序理应由公安人员具体负责,而事业单位内部的安保职责则应划归单位内部的保卫部门。医疗机构的性质,从本质上讲属于我国的事业单位,其正常医疗秩序的维护工作主要是依靠其内部设立的保卫部门安排安保人员进行的,公安人员无职责直接介入管理,除非发生了《治安管理处罚法》规定的扰乱医疗秩序的行为或者其他违法犯罪情形,公安人员方可直接介入,继而进行维护、调解、调查取证等法定职权活动。长久以来,由于医院被视为医疗机构的内部管理场所,这也使得作为行政

---

① 王瑶、杨小明、江启成:《医疗暴力的危害、原因及对策》,《医学与哲学》2005 年第 26 卷第 11A 期,第 16—18 页。

② [美]理查德·波斯纳:《法律的经济分析(第七版)》,蒋兆康,译,法律出版社 2012 年版,第 336 页。

执法机关的公安机关遇到医院内部违法行为时,执法权力上受到一定的限制,执法效果大打折扣,起不到应有的震慑力。相反,由于违法成本偏低且"收益较大",患者及其家属的暴力行为在一定程度上得到了纵容默许,使其越发变本加厉①。我国现行的《治安管理处罚法》明确将医院排除在"公共场所"的范畴之外,将医院定格为内部单位,但是与公共场所特征相似的是,该场所却允许人员自由出入,这直接导致公安机关在对恶性暴力事件进行执法时较为被动。因此,建议对《治安管理处罚法》第二十三条做出补充规定,明确将医疗机构纳入公共场所区域,一旦发现有殴打、辱骂医务人员等医疗暴力行为征兆、迹象,有权进行制止并给予相应行政罚款、行政拘留等处罚;直接造成严重后果的,公安人员可依职权在现场进行讯问、调查取证、勘验等,直接介入医疗暴力事件之中。

二、预防医疗暴力违法转化为犯罪

如果没有刑事制裁的高成本,犯罪活动的最佳水平就是零或趋于零的话——一种事实真相的合理近似值——只要成本许可——那么这些处罚就不是旨在定量分配犯罪活动的真实价格;因为迄今为止,可能的目的也只是消灭犯罪②。这一分析阐明了在刑法规制活动中应加大对预防犯罪的重视。医疗卫生事业发展到现阶段,医疗事故抑或医疗意外的发生是不可避免的。对此,患者及其家属理应更多持信任的态度,但在现实中,医疗暴力违法行为乃至转化为犯罪的情形频频出现,故亟须强化对医疗暴力违法行为转化为犯罪的防控,至此也亟须增强行政执法力度。

于此,正确合理的做法是,及时遏制非法"医闹",严厉惩戒医疗暴力犯罪行

---

① 包桂丽、郭启龙、于学靖:《法律维度下解析我国的暴力伤医行为》,《经济研究导刊》2017年第19期,第197-199页。

② [美]理查德·波斯纳:《法律的经济分析(第七版)》,蒋兆康,译,法律出版社2012年版,第324页。罗伯特·库特在"价格和制裁"(《哥伦比亚法学评论》1984年第84卷,第1523页)中强调了这一区别。

为,将医患纠纷引向合法合理的纠纷解决途径上[①]。医疗暴力事件发生时,纵然行政执法人员在场,一般会采取观望、劝解的温和执法手段,而不果断实施必要的强制手段,直到医务人员人身遭受伤害,更有甚者,纠纷矛盾上升到违法犯罪程度行政执法人员才付诸行动。究其因由,系部分行政执法人员习惯性地认为"病人及其家属才是真正的'弱势群体''闹事是事出有因''死者为大'"等,加之,囿于对患者及其家属这一传统"弱势群体"采取行政执法措施后可能会引发更大的群体性不满,乃至事件发生,而不敢积极执法。正是由于我国行政执法人员执法不力,致使很多医疗暴力实施者无视甚至漠视国家法律、法规的存在,对涉案医务人员暴力相加,即便有公安人员在场,也敢对医务人员大打出手。令人震惊的是,很多医疗暴力案件的凶手实施暴力后,并未遭受与之相对应的处罚,并对其形成一定的震慑作用,这也是导致医疗暴力事件不断升级的致命因素。鉴于此,行政执法人员应加大对医疗暴力事件的执法力度,在实践中,行政执法机关应明确自身职权职责所在,在接到医疗机构人员报警后,应立即赶赴现场,果断采取措施疏散聚集的群众,对患者及其家属进行疏导、劝说,对医疗暴力行为依照法律规定进行处罚,阻止事态进一步恶化;更为主要的是,遏制其向犯罪形态转化[②]。

公安机关行权守责,严厉打击医疗暴力违法犯罪活动。医疗机构的建立,医务人员首要的任务是救死扶伤,同时提供人道主义救援,保障广大民众的生命健康。公安机关作为国家社会治安管理不可或缺的行政力量和刑事执法力量,在现行体制下,要努力创新和谐社会治安管理模式,会同相应级别卫生行政主管部门及地方人民政府做好维护医疗机构的医疗秩序的工作,加强对医疗机构内部治安保卫工作的指导和监督。

应加强医警联动。采用医警联动、动态监控等举措,促进社会相关部门积极参与、协调联动。当患者对医疗机构或者医务人员的诊疗行为提出异议或者争议时,公安机关人员、卫生行政主管部门应作为非医患当事方及时介入,保证

---

① 王茹、王兆良:《对我国暴力伤医现象的思考》,《南京医科大学学报》(社会科学版)2015 年第 15 卷第 1 期,第 23—26 页。
② 石悦、张琴:《暴力伤医背景下医务人员权益保护的法律思考》,《医学与法学》2015 年第 7 卷第 2 期,第 37—39 页。

医患双方在不冲突的情况下进行良性沟通,指导二级以上医院一律按规定配足配强保安员,加强对医院的巡逻守护。严格遵守上述规定,使患者及其家属不能也不敢对医务人员实施暴力①。

第三节　加强医疗暴力案件的司法公正

"从刑事审判的角度来说,对于涉医的刑事犯罪,目前还是坚持从严惩处基本立场。"最高人民法院刑五庭审判长方文军表示,从公布的3批案例和各地介绍案例的情况来看,对案件的处理,在总体从严的同时也要根据案件的具体情节来把握定罪和量刑的尺度。我国正在积极推进司法体制改革,《刑事诉讼法》的修改完善也被列入了立法日程,就医疗暴力案件而言,在司法层面应不断完善医疗诉讼制度,为法院审判医疗暴力案件提供足够的司法依循。同时,逐步推进以审判为中心的诉讼制度在医疗暴力案件审理中的践行,确保侦查、起诉的案件事实证据经得起法律的检验。

一、公平优先,兼顾效率

恪守宽严相济的刑事政策。我国医疗暴力犯罪的刑事政策经历了由宽松到严厉的变迁。一方面,这是刑事司法对日益恶化的医患矛盾和医疗暴力行为所涉事项做出的回应;另一方面,对医疗暴力的治理仍然沿袭事后惩处、运动式治理模式的传统思维。从短期看,运动式的治理模式在短期内能起到一定的效果,但作为治本方法,其长期效果往往不容乐观。从长远来看,需要兼顾两类治理模式,最为可取的是当下严宽相济的刑事政策,针对不同情形的犯罪,视具体类型而做出区分对待,做到具体问题具体分析。

医疗暴力案件中,法官自由裁量权的行使尤为重要,是保障司法公平正义

---

① 胡永正:《当前医疗暴力事件之思考》,《广西警官高等专科学校学报》2015年第28卷第6期,第10—14页。

的基石。但高额的诉讼费用困扰着受害者。因此,在涉医疗暴力案件审理中,通过各种方法降低诉讼费用迫在眉睫。法院可根据具体情况,适当降低当事人的诉讼经济成本,为解决诉讼效率低这一问题,建议减少诉讼环节,针对此类案件建立专门的"绿色诉讼通道",优先立案、优先审理、优先执行,以提高诉讼效率,期望通过上述举措促进司法公正①。

二、明确涉医犯罪行为的法律适用

国家就医疗暴力案件的相关概况,有针对性地调整、修订相关法律法规,弥补立法的缺失和滞后,极力争取在医疗暴力案件发生后,司法机关的公力救济能落到实处。法院在实际操作中,应搜寻合理充分的法律依据,进而达到提高诉讼效率、统一诉讼标准的效果。同时,针对我国医疗暴力事件中患者及其家属法律规制缺失,进而导致只有施暴者行为足以达到一定的违法程度甚至达到犯罪的恶性时,方能动用《治安管理处罚法》《刑法》等法律规定进行处罚的现状,对侮辱、辱骂乃至暴力殴打医务人员的一般违法行为,国家公权力在介入的时候缺乏相应法律依据。故此,应考虑对医疗暴力患者及其家属的行为进行一定范围的规整②。

三、设立相应的医事法庭,提高案件审理水平

针对当下我国时有发生的医疗暴力案件,各级法院应设立相应的医事法庭。设立专业型医事法庭,各级法院应指派具备医学专业素养的法官组成合议庭,抑或担任独任庭审判员,专门负责审理医疗暴力案件,同时也需要形成一套完备的医疗暴力案件审判程序,可效仿刑事案件一审普通程序、二审程序及审判监督程序,兼用针对事实清楚、案件影响不大的简易程序,以及结合施暴者的

---

① 于洋:《面对"医闹及暴力伤医"现象的法律思考》,《哈尔滨医药》2014 年第 34 卷第 3 期,第 171 页、第 173 页。
② 包桂丽、郭启龙、于学靖:《法律维度下解析我国的暴力伤医行为》,《经济研究导刊》2017 年第 19 期,第 197－199 页。

认罪认罚情况判别是否适用速裁程序的设置,为具体个案的审理提供法律准绳。与此同时,医事法庭的法官还应熟悉法学知识,审判人员来源相对确定。于此,法院在选拔该类案件的法官时,可考虑具备医事法学专业素养的人员,并对热衷于医事法学事业的法官进行重点培养。除此之外,医事法庭还应加强与当地卫生行政主管部门的联系,邀请具有医学实务工作、具备高级职称的医疗专家组成医疗暴力案件人才库,并随机选取医疗专家入围人民陪审员队伍,让专业法官与陪审人员之间真正形成合力,明晰各自的职责所在,最终解决所涉案件的法律、事实问题①。相应地,充分发挥医疗暴力案件人民调解的功能作用,扩大医疗暴力案件的调解范围,并树立法院在人民调解中的主导作用。一是确定人民调解在现行法律中的地位,完善《人民调解法》,确认医调委的法律属性;二是政府应多方面保障医调委的职能发挥,提供人、财、物支持;三是加强医疗暴力案件人民调解的公正性建设②。

四、公布医疗暴力典型案例,为司法裁判提供案例指导

湖南省益阳市中级人民法院依法判处被告人贺某死刑,缓期二年执行,剥夺政治权利终身。益阳中院刑庭庭长李杨亚表示,这个案子虽然没有造成被害人死亡的结果,但犯罪情节恶劣,犯罪手段残忍,主观恶性深,社会危害极大,从量刑上予以考虑判处死缓,在二审期间也得到了高院的支持,予以维持。原国家卫计委也于 2016 年 7 月发布了 10 起涉医犯罪典型案例,包括寻衅滋事案 4 起、聚众扰乱社会秩序案 3 起、故意伤害案 2 起、故意杀人案 1 起。通过公布医疗暴力典型案例,为各级人民法院审理具体案件提供可借鉴性参考,也能统一诉讼审理的标准。诸如此类极具代表性的案例,最高法可以定期予以发布,既可警示民众,同时也可为类似案件的审判提供帮助。"法律的生命在于执行",通过定期、不定期地颁布医疗暴力典型案例,让人民在内心形成一定的认知,进而外化为对自身的约束力。

---

① 胡温蒙:《从"暴力伤医"现象中看法律》,《法制博览》2016 年第 3 期,第 249 页。
② 王茹、王兆良:《对我国暴力伤医现象的思考》,《南京医科大学学报》(社会科学版) 2015 年第 15 卷第 1 期,第 23—26 页。

五、明确涉医疗暴力案件中防卫限度的司法认定

《中华人民共和国刑法》第二十条规定:"为了使国家、公共利益、本人或者他人的人身、财产和其他权利免受正在进行的不法侵害,而采取的制止不法侵害的行为,对不法侵害人造成损害的,属于正当防卫,不负刑事责任。"根据刑法理论的通说,正当防卫有五个构成要件:其一,有现实存在的不法侵害;其二,不法侵害正在进行;其三,需有正当防卫意识,即主观上为了使国家、公共利益、本人或者他人的人身、财产和其他权利免受正在进行的不法侵害;其四,防卫行为需针对不法侵害人本人进行;其五,防卫没有超过必要限度。我国著名刑法学家陈兴良先生指出,关于正当防卫必要限度的研究,实际上可以分为两个互相联系又互相区别的问题:一是何为"正当防卫的必要限度";二是如何确定正当防卫的必要限度①。前者是对"必要限度"这一法律用语的内涵及外延给予明确的阐释,后者是对必要限度含义的基本标准予以确定。对于正当防卫必要限度的理解,应当要有较为明确的标准。目前,我国法律规定尚不明确,理论界存在诸多的争论,在实务认定中确定为正当防卫的情形少之又少,是造成防卫限度认定在司法实践中的困惑与障碍的主要原因。

第一,立法倾向性不强。从维护社会秩序乃至法秩序的角度讲,立法者不希望私力救济的泛滥。因为一旦私力救济大行其道,首先损害的是国家执法权及司法权的威信;其次,私力救济的泛滥很可能引发更大规模的社会冲突及刑事犯罪,使得暴民大行其道,以眼还眼、以牙还牙的冲突行为及同态复仇行为泛起。立法者不希望民众的戾气及攻击性过强,而是希望逐步培养公民的法治意识及规范意识,在遇到不公正对待和受到他人侵犯时,求助于公权力介入进行法律救济。因此,从立法倾向上讲,立法者不希望所谓正当防卫行为大面积高频率出现,而是在遇到不法侵害时第一时间选择报警。

第二,司法程序上,认定正当防卫的难度较大,尤其是调查取证难度大,对证据的证明力要求较高。可以想象,在疑似互殴的行为中,很容易出现"公说公

---

① 陈兴良:《正当防卫论》,中国人民大学出版社 2006 年版,第 165 页。

有理,婆说婆有理"的情形,谁是案件的责任方则不容易认定,由此执法人员和司法人员易产生"懒政"心理,不再去深入认定案件责任方在谁,只要出现互相殴打情形,只要其中一方被鉴定为轻伤及以上伤情,一律按照互殴的处理方案、双方伤情等级进行定罪处罚,不再具体追究事件起因及案件具体情况。

由此带来的恶果就是,在很多暴力案件中,真正持故意伤害意图或寻衅滋事意图的行为人,因遇到激烈的防卫导致自己受伤后,反而变成"受害者"的角色,大量充斥着"谁重谁有理"的现象,以致大量的正当防卫行为被定性为相互斗殴,只要出现符合故意伤害罪的伤情鉴定标准的结果,则不分青红皂白一律依照伤情等级定罪,完全忽视案件的具体情节及相关人员的主观恶性程度,使得部分主观存在极大恶性的人员成功规避法律制裁,变得更加有恃无恐,甚至借此机会索要巨额赔偿金,而被迫反击进行正当防卫人员的行为则被定性为犯罪。

关于"正当防卫必要限度"的含义,目前理论界主要有以下几种学说:一是"基本相适应说",认为"正当防卫的必要限度"是指防卫行为必须与不法侵害行为相适应;二是"需要说",认为"正当防卫的必要限度"是指防卫人主观上认为能有效制止不法侵害所必要的应有强度;三是"必需说",认为正当防卫应该以制止不法侵害的必需行为作为必要的限度;四是"适当说"也称为"折衷说",是目前理论界的通说,该学说吸收了前几种学说之合理之处,认为必要限度的确定应当以防卫行为能否制止住正在进行的不法侵害为标准,同时考虑所防卫的利益的性质和可能遭受损害的程度,要与不法侵害者造成损害的性质、程度大体相适应。因此,应当结合防卫行为造成危害的性质、手段、紧迫程度,以及防卫者自身能力的大小及与侵害者人数的数量对比等,全面分析、综合判断。能用较缓和的手段制止不法侵害的,不允许采用激烈的防卫手段;能造成较小损害结果即可达到防卫目的的,就不应给不法侵害者造成较重的损害结果。但是,对防卫人的限制又不宜过严,特别是在保护社会公共利益或他人合法利益时,更加应该慎重,要从有利于防卫人的角度出发,否则就会挫伤民众同犯罪做斗争的积极性[①]。

[①]　陈帅:《正当防卫司法适用的困境与出路》,华东政法大学硕士学位论文,2015 年。

笔者同意第四种观点。"适当说"立足于正当防卫的目的,将制止不法侵害所必需作为必要限度的内容,同时强调防卫行为与不法侵害行为的基本相适应。虽然"适当说"是刑法理论界的通说,该学说能够恰当地解决正当防卫的必要限度问题,但是,笔者认为,在司法实践中,司法机关对正当防卫必要限度的掌握过于严苛,导致一些应该按照正当防卫处理的案件被当作防卫过当处理。必要限度是正当防卫保持其自身合法性质的数量界限。必要限度的判断不可能脱离案件的具体情况,须结合案件相关基础事实,适用正确的法律进行全面分析。在我国,立法中并没有对防卫限度的标准进行详细描述,没有明确地表明"明显超过必要限度造成重大损害"的具体含义,虽然现在实务界大多赞成要结合多种因素综合考虑防卫限度的认定问题这种方式,但是受到传统理论和裁判习惯等多种原因的影响,大多数情形下法官会选择回避这些纷繁复杂的情形,以防卫结果作为裁判依据。

一是不法侵害的强度。在防卫强度大于不法侵害强度的情况下,根据防卫行为的限度是否是制止不法侵害所必需,来考虑是否超过防卫的必要限度。不法侵害的强度,主要从侵害行为、工具的性质和击打部位等因素综合考虑。一般来说,不法侵害的强度决定了防卫行为的强度,防卫行为强度要足以有效制止不法侵害行为,但又要考虑到防卫人是在紧急情况下做出防卫行为的,因此适当超过必要限度有一定的合法性。强度是一个综合性的指标,当然,对正当防卫的限度条件不能要求过严,只要防卫行为的损害程度与侵害行为可能造成的损害程度不是相差得过于悬殊,就不属于防卫过当。

二是现实的紧迫性。即不法侵害的紧迫性对合法权益所形成的危险程度。不法侵害强度是判断正当防卫必要限度的重要标准,但并非唯一标准。在有些情况下,不法侵害已经开始,但侵害强度尚未表现,如某案例中,小惠(化名)跟随杨某到出租屋,杨某对其提出性要求,并动手动脚,采取威胁手段,此时不法侵害已经开始但侵害强度尚未表现,就应当以不法侵害的紧迫性来衡量是否超过必要限度,判断防卫强度大于不法侵害强度是否是制止不法侵害行为所必需的①。

三是不法侵害的权益。即不法侵害行为所针对的法益，也就是防卫行为所保护的权益。如果所保护的法益与所损害的权益之间过分悬殊，即为保护微小的法益而造成不法侵害人重伤或者死亡的，即使如不造成这样的后果不足以保护微小法益，也可以认为这样的防卫行为不是制止不法侵害所必需的。被侵害之法益与加以反击之法益间轻重悬殊，如因防卫微不足道之财产利益而杀人，显属违反公序良俗，纵或必要，仍不能防卫过当。尽管刑法设置正当防卫制度的初衷是保护防卫人，正当防卫是法律赋予人们的权利，但法律同时要求防卫人履行防止防卫权滥用的义务。

四是防卫时的客观环境。对正当防卫必要限度的判断往往取决于防卫时的客观环境，防卫时的环境在很大程度上决定了行为人的防卫程度、强度、手段。防卫人面临正在进行的不法侵害时，往往处于比较紧张的状态，没有时间准确认识不法侵害的强度与可能造成的损害后果，也无暇准确地选择适当的防卫手段、强度。此时要求防卫人像在正常环境下那样从容判断正当防卫的必要限度，要求防卫人的防卫行为与不法侵害行为相适应，实在是对防卫人的苛求，这在一定程度上剥夺了其防卫权。

对防卫限度的规定大陆法系国家如出一辙，都具有一定的模糊性，留有解释空间，需要从"必要性"和"相当性"两个方面进行衡量。如日本刑法第三十六条第一款规定："对于紧急不法的侵害，为了防卫自己或者他人的权利，不得已而实施的行为，不受处罚。"德国刑法第三十二条第二款规定："为使自己或他人免受正在发生的不法侵害而实施的必要的防卫行为，是正当防卫。"意大利刑法典第五十二条规定："因防卫本人和他人的权利免受不法侵害的现实危险的必要而被迫实施行为的人，只要防卫与侵害相适应，不受处罚。"然而，英美法系国家的刑法典就防卫限度问题做出了可操作性稍强的规制，区分了正当防卫与防卫过当之间的界限，对我们有很强的借鉴意义。

在英美法系国家，正当防卫是一种合法的辩护事由。根据保护法益的不

---

① 胡东飞：《正当防卫的时间条件》，《国家检察官学院学报》2013 年第 21 卷第 6 期，第 111－116 页。

同,对防卫行为进行分类,不同的限度条件对应不同的防卫种类。笔者将主要以英国和美国为例,来考察英美法系国家对人身、财产防卫限度的规定。英国刑法中的正当防卫包括人身防卫、财产防卫和公共防卫:在人身防卫的情况下,正当防卫的限度完全是由不法侵害的性质决定的,当不法侵害属于非重罪性质的行为时,防卫人应当先撤退,不得已的情况下,允许其使用暴力反击;当不法侵害属于重罪性质的行为时,则防卫人可以杀死不法侵害人。当财产受到侵害时,英国普通法也允许行使防卫权。不动产受到侵犯时,首先应采取比较缓和的方式,若不能奏效则可以使用适当的暴力。如果侵犯不动产的不法侵害带有暴力性质,那么防卫人可以当即使用暴力。动产受到侵犯时,防卫人可以以暴力进行防卫,其至动产脱离自己的控制后,仍可使用暴力将其夺回。美国刑法把正当防卫分为四类,即自身防卫、防卫他人、防卫财产和执法防卫。关于自身防卫的限度,美国的理论与实践把暴力分为致命性暴力(致人重伤或死亡)和非致命性暴力两类。若不法侵害属于致命性暴力,那么防卫行为采取的暴力也可以是致命性的;若不法侵害属于非致命性暴力,那么防卫行为采取的暴力就应当是非致命性的。怎么判断不法侵害的暴力程度呢?针对这个问题,美国判例及制定法规定了"防卫人合理地相信为避免非法侵害而使用这种暴力是必需的"的原则。这里的"合理地相信"是指普通人的一般认识,而不是指防卫人自己的主观判断。美国《模范刑法典》第三百零六条对"财产防卫"做出了规定:"为防卫自己或他人的财产,可以进行正当防卫,但应符合下列条件:一是行为人合理地相信自己或第三人的财产正在面临不法侵害的威胁,如被不法侵入、不法取走等;二是行为人合理地相信为避免这种威胁而必须使用暴力;三是在使用暴力进行防卫前,行为人必须提出停止妨害之请求,除非即使提出该请求亦无益,或提出该请求有使自己或他人遭受危害的可能,或来不及提出该请求;四是为防卫财产一般不允许使用致命暴力,但不法侵害人企图侵夺住所时,以放火、强盗等属于重罪的方式侵犯财产,且在行为人面前行使或威胁要行使致命暴力因而不使用致命暴力进行防卫则不足以保护本人或第三人的人身安全时,可以使用致命暴力防卫财产;五是行为人不能用足以致命的器械来预防其财产免受不法侵犯,但可以使用非致命的器械。"①可见,英美刑法对防卫限度做出递进式的规定,较为明确具体,可操作性强。在司法实践中,确立正当防卫的必要限度可以在正当防卫必要限度的基本原则的指导下,根据不法侵害的强度、缓急和正当防卫所保护的权益等因素,结合整体全部案情,来正确地解决正当防卫必要限度的具体标准问题。在正当防卫必要限度的实际考量中,存在 4 个方面的具体问题,解决好这 4 个问题将有利于正当防卫制度的实践②。

第 1 个就是如何正确认识防卫工具。实施正当防卫行为一般都要依靠一定的防卫工具,那么如何界定防卫工具就是正当防卫制度在司法实践过程中必须要解决的问题之一。防卫工具可根据性质和来源进行区分,防卫工具可以是自备的,可以是就地取材的,可以是强夺不法侵害人的,也可以是自身非法携带的(当然,自身非法携带部分物品,如枪支、刀具等都是犯罪行为)。

第 2 个就是如何正确认识防卫后果。正当防卫必将造成对不法侵害人的人身伤害,这就是防卫后果。界定防卫后果有利于区分防卫过当和正当防卫,有利于保护防卫人和不法侵害人双方的合法权益。区分防卫后果是否正当应该看这一防卫后果是制止不法侵害行为所必需的,还是非必需的。

第 3 个是如何正确认识防卫环境。防卫环境是防卫人所必要实行防卫行为时所处的不利于防卫人的环境,当受到不法侵害的防卫人达到这一环境时,防卫人就应该实行防卫行为。防卫时间和防卫地点都组成了防卫环境。一定的行为都是由一定的人在一定的时间、一定的地点进行的,那么时间和地点对防卫人的防卫就有着重大的影响。具体在什么时间、地点实施的行为才算是符合正当防卫的必要限度的呢?这一标准的界定影响着防卫性质。

第 4 个是如何正确地认识防卫人的主观心理状态。认定防卫人的主观心理状态有利于正确区分防卫过当与正当防卫,当防卫人主观追求的防卫后果超过了其所必要实施的防卫行为所造成的防卫结果时,防卫人是在恶意追求不法侵害人的伤害,这是明显的防卫过当。

制定和实施合理正确的正当防卫必要限度,是正当防卫制度的重要组成部

---

① 金旭东:《正当防卫的判例解释》,黑龙江大学硕士学位论文,2011 年。
② 曲新久:《刑法的精神与范畴》,中国政法大学出版社 2003 年版,第 61—62 页。

分,对正当防卫必要限度的研究有利于完善我国正当防卫制度,保护防卫人和不法侵害人双方的合法权益,有利于我国法治道路的发展和前进①。任何理论必须要和实践相结合才能具有强大的生命力,在正当防卫制度的构建中,必须做到理论和实际的结合才能保证正当防卫制度的活力。在正当防卫相关的刑事案件中,医务人员相较于其他人员而言,囿于自身身为"白衣天使"兼具救死扶伤的天职和职业的伦理性要求,在涉及自身安危的医疗暴力案件中,在正当防卫时表现出一定的"隐忍",即防卫限度比其他人员更加严格。基于此,笔者具体分析了医务人员防卫限度的概况,通过理论与实践结合分析,认为医务人员防卫限度司法认定与其他人员防卫限度司法认定无异②。

第四节　医疗暴力防控的法治环境保障

医疗暴力行为的产生折射的是社会信任问题,法律自制定之日起便已然落后于社会发展,存在一定的滞后性;现如今,我们要防患于未然,在建设"健康中国"的背景下促进和谐医患关系的建设。法治环境的营造,重点在于对相关人员内心理念的塑造,让他们知悉应恪守的职业道德。就医疗暴力事件牵涉的主体而言,为进行有效的法治防控,有必要对相关人员进行法律教育,以便明确各自的职责。

一、政府主导下的多元化法治保障

(一)完善多元治理的医疗暴力应急管理模式

医疗暴力事件的产生,究其根源,系因社会潜在矛盾被激化,而社会发展至

---

① 张公业:《医院应对职业医闹的方略探析》,《基层医学论坛》2009 年第 16 期,第 559—560 页。

② 沈彬:《严惩伤医,须保障医生的正当防卫权》,《深圳特区报》,2018 年 10 月 16 日,第 A02 版。

今,对社会矛盾解决最为有效的则是政府主导下的多元化治理方式。在这其中,能否调动社会人员的积极参与发挥着至关重要的作用。医疗暴力事件的发生,也可归类为突发性公共事件,需要政府主导治理,但政府并不是全知全能的,还需要调动社会人士、法人组织、非官方组织等主体的积极性。"众人拾柴火焰高",故而,应对医疗暴力事件,亦应集政府、社会、医疗机构、非政府性组织的力量,及时有效地应对突发的医疗暴力事件。

(二)夯实宣传指引工作

一是加大"正能量"宣传。政府积极引导纸媒、新媒体从多维视角宣传医务人员救治伤病的事迹,宣扬医务人员的执业伦理,并对新近医改成效进行广泛推广。二是有序进行文明就医宣讲活动。积极宣传预防疾病基础知识,告知患者及其家属医疗的局限性、风险性,让更多潜在的患者了解医疗诊疗并不是一个圆满的集合,也有可能面临风险,有效指引患者在思想上形成合理预期。同时,加大普法宣传教育工作,逐步提升医患双方的法治保障意识,提供医疗纠纷处理典型案例,归纳整理相应的可行性途径,引导民众依法积极维权。三是扎实信息通报工作。医疗机构作为一个独立的责任机构,应当做好医疗暴力案件信息防控预案,在机构内部单独指定专责部门或专人负责媒介协调。针对具有较大影响的医疗暴力事件,本地卫生行政主管部门、公安部门应当及时对外发布相关信息,关联部门应适时披露典型案例,有效发挥个案的法治教育和警示功能。医疗暴力案件发生之后,具体负责应急处理的公安人员应当及时将现场情况、具体处理办法,以及接下来可能实施的处置意见通报案发医疗场所和相应的卫生行政主管部门。同时,作为医疗执业者的主体单位,医疗机构还应做好两方面工作:对内而言,积极引导医务人员,缓解受害医务人员的情绪;对外而言,积极宣传解释医疗暴力案件的影响。四是矫正舆论引导作用。各级政府及相关主管部门要准确掌舵好舆论方向,做到精确研判、有效指引舆情发展,同时严格规范纸媒、新媒体和网络媒体的纪律,确保涉医疗暴力事件的报道客观准确,充分发挥各类媒体的优势,渐趋形成健康的舆论环境,以及理性的社会心态。

(三)明确医院的社会责任

诚然,就医疗暴力事件而言,施暴者依法应当承担相应的法律责任,但医务人员遭受暴力的情形频频出现,医院和主管机关对此也难辞其咎。反观现实,一旦有医疗暴力事件发生,民众只要看到院长、医务秘书出来公开谴责暴力行径、坚持控告,大家就觉得院长英明、医院力挺员工。但是,如前所述,医院的责任在于主动建立一套可行的暴力预防方案与应急处理机制,而非仅在伤害酿成之后才被动地参与舆论谴责及付诸司法程序。然而,医疗暴力的防治是要付出代价的,不论是调整急诊室与病房空间、改动规划、设施配备、保全警卫人力等,在没有公权力介入的条件下,这些恐怕都难以付诸实践。因此,要使医院担当起建立安全环境、暴力防治机制的责任,政府不能仅进行道德劝说,而应依循相应的法律规定对医院科以责任,并制定明确的规则。

(四)成立法务科或配备专业法律顾问

"专业的人做专业的事",作为医院聘请的法律工作人员,在应急处理医疗暴力事件方面具有一定的专业性,因此,在事件发生后应及时赶到现场,为保障医务人员合法权利,深入全面了解案情、收集或者固定涉案证据。如若受害者需要进行权利维护,诉讼代理人或者代理律师可以协助医务人员寻求法律保障。就对法律的洞悉而言,律师、法律实务工作者则是专业人士,如果没有他们的直接介入,医疗暴力人员的违法乃至犯罪行为就得不到应有的惩罚,间接来讲,对现实的或者潜在的施暴者也发挥不了应有的震慑作用,也会助长施暴者的嚣张气焰,制约社会秩序的良好发展;与此同时,对受害的医务人员也会造成二次伤害即心理伤害。故而,在医疗暴力事件发生后,医院聘请的律师或者医务人员诉讼代理人及代理律师应及时参与,保障医疗机构、医务人员合法权益。

(五)设立受害人专项基金

医疗暴力行为发生后,直接遭受伤害的是医务人员,有的身体遭受伤害,有的精神上出现了不可弥补的创伤。鉴于此,需要对受害者进行医治,但医疗费用的支出如果不及时,可能会影响就医效果。鉴于此,医疗机构可考虑设立受害人专项基金,该类事件发生后,可从专项基金中抽取部分先行垫付,以解决受害医务人员需要进行治疗的燃眉之急。如果仅依靠受害者自行支付,则会增添受害医务人员压力,同时也有可能错过最佳治疗时间,难以保证医疗的效果和制约、拖延医务人员的康复期限①。

(六)树立"以人为中心"的理念

当遭遇医疗暴力事件时,医院应成立专责处理小组,协助处理暴力事件,提供医疗、精神、法律上的协助,并且提供宣泄情绪的渠道及合宜的空间,让同仁宣泄负面的情绪。医疗暴力事件发生时,应树立将公民权利放在首要位置的伦理价值取向。在应对医疗暴力事件这类紧急情况时,医疗机构居于主体地位,因为医务人员作为医院的工作人员直接牵涉其中。于此,医疗机构的角色扮演在医疗暴力事件的处理中至关重要。在面对突如其来的医疗暴力事件时,医疗机构实际上存在很多价值取向,但这其中最为重要的是"以人为中心"。在应急处理医疗暴力事件机制建构中,抢救人的生命与保障受害者的人身安全是医疗行为和救援行动的首要任务。

(七)事后的处理与检讨

医疗暴力事件发生后,应主动依照医院制定的流程通报,登录病人安全通报系统以及通报卫生主管部门,并及时召开院部层级的检讨会议,检讨发生的处理程序,以建立共识,防止类似事件再次发生。同时也须保存搜集的证物资料及主动协助员工处理后续的法律问题。医院也应评估是否召开对外说明会,透过媒体声明反暴力,向工作人员宣示对职场暴力零容忍的决心与立场,并宣导民众暴力防治政策及正确的就医观念。主管人员对于遭受暴力的员工应主动进行安慰、倾听及接受受害者诉说原委,协助遭受暴力的医务人员身心调试。通常来讲,受暴者的情绪会极度不安、焦虑,对医院或工作感到不满,出现采取防卫心理执行医疗处置,甚至怀疑自己是否应该转职等心理及行为表现。因

---

① 张洁、邓蕊:《医疗暴力行为的法律规制探析》,《中共乐山市委党校学报》2015年第17卷第2期,第101—104页。

此,医院应主动安排社工或心理咨询师进行安抚和辅导,帮助受暴员工尽早走出暴力的阴霾。

二、增强医务人员自我保护的法律意识

(一)医院加强法治宣传、培训

作为医疗暴力事件受害者一方的主体单位,医疗机构应有针对性地组织开展相关权利保护法律宣传、培训活动,通过专项性的法治思维塑造,增强医务人员的法治意识,严格树立依法行医的理念,同时平衡权利与义务在医疗过程中的关系,以期能够达到规范医疗诊疗行为、促成医患有效沟通的目的。另外,政府及其他执法主体还应加强对"医闹"入刑、医疗暴力行为入刑的宣传力度,告诫民众国家将严厉打击医疗暴力行为,让潜在的患者及其家属清醒地认识到实施暴力行为所需付出的代价,从而督促他们寻求理性的矛盾解决途径。同时,还要让患者及其家属知悉医院,特别是公立医院具备的公益属性,医患双方关系的法律定位应与一般医疗服务合同严格区分开来。鉴于医学科学发展的不足和医疗行为开展后果的不确定性,在现有的医学技术并不能攻克所有的疑难杂症,医务人员也只是简简单单的个体,更改不了生老病死的自然规律,也不可能悉数治愈每一个患者①。

(二)教育训练医务人员

教育员工学习辨认并预防引发危险的行为及暴力事件的因应、防范暴力的措施设备、沟通及应对技巧,并以案例分享讨论引发暴力及预防暴力因子,加强法治意识,知悉自己的权利。急诊室是医疗暴力的高风险区,加强医务人员预防暴力的教育训练显得十分重要。具体而言,一方面,要加强暴力情境的辨识。暴力行为的发生往往历经情绪的平静、烦乱、极度烦躁,故要加强对暴力行为的

---

① 包桂丽、于学靖:《医院场所暴力伤医现状及法律对策研究》,《中国医院》2017年第21卷第10期,第60—62页。

警觉性,包括警觉与识别潜在的高危险性暴力行为者,如酗酒、物质滥用病人。另一方面,对医疗人员安排教育训练。医院或单位主管部门可模拟情境进行演练,让医务人员熟悉相关的流程以减少暴力事件造成的伤害。训练目标是让医务人员在面对可能发生冲突的情境时,能主动求援、相互提醒,避免与潜在冲突对象独处,避免有挑拨的言行举止,其他的医务人员可以以第三者的身份协助介入调解冲突,或依情况进行责任区的调度,警卫或保全能迅速到场,最重要的是保护自己的人身安全。课程内容可包括暴力情境辨认、过去暴力事件的经验、危机处理及应对能力、相关的法律认知、人际关系与沟通技巧、暴力处理流程与自我防卫技巧等,让急诊医务人员面对暴力事件时,能了解自身权益并冷静处理。

(三)增强全社会法律意识

守法不仅是主体单一地遵守相关法律、法规,申言之,更应是受法律约束的主体要将法律作为自己实施行为的指引。在医疗法律关系中,当患者重伤致残或者不治死亡等情形发生时,患者本人抑或其家属会由于内心极大的愤怒、受悲痛情绪主导而趋于意气用事,在自认为合理的要求得不到医疗机构及其医务人员认可、满足的条件下,不是寻求通过正常合理途径弥合业已产生裂隙的医患关系,而是选择无视乃至藐视法律、法规的做法,对医务人员拳打脚踢、暴力相向,甚至携带器械,直接侵扰医务人员的健康权、生命权,制约着正常的医疗秩序。

随着我国法治社会、法治国家建设的逐步推进,在医疗法律关系中,患者的法律意识、权利保护意识得到大幅度提升。相较之下,大多数医务人员的关注点仍聚焦在自身专业方面,具体而言,他们仅仅专注于对日常患者疾病的诊疗,而基本不具备维护自身合法权益的法律知识,法律意识也微乎其微。一般而言,在受到患者及其家属暴力伤害后,大多数受到轻微伤害的医疗人员倾向于忍气吞声,除非伤害达到一定的程度,譬如,重伤致残、导致精神异常等①。总的

来说,医务人员除了要清楚自己拥有的合法权利,学会运用法律武器保护自己、维护医务工作者应有的尊严外,还应采取各种方法,明晰医患双方的权利义务边界所在,规范患者的就医行为,合理及时地解决医疗矛盾①。

三、医患双方相互信任,增进有效沟通

医疗法律关系的成立,基于医患双方的相互信任,而医患矛盾的出现乃至医疗暴力事件的发生,则昭示着医患之间存在嫌隙,医患信任出现危机。同时,由于医疗行业专业性极强,医患之间存在严重的信息不对称。因此,医患沟通十分必要。就有效防控医疗暴力行为来讲,医患双方应致力于创新沟通机制,重构彼此之间的信任关系。具体来讲,医疗机构应注重对医务人员的培训,形成主动沟通的思维定式,熟练沟通的技巧。医院可利用现代科技平台加快医患沟通信息系统建设,建立"院外关怀系统"②,使该系统拥有健康记录(病人实时记录自己的症状)、医疗咨询(病人选择主治医生一对一咨询)、患友会(医生建群和患者互动交流)、满意度评价(让医生看到患者对自己的评价)等功能,切实改善患者的就医感受③。

概言之,法治保障的目的在于缓解乃至解决医患矛盾,为医患有效沟通提供一个平台,为医疗暴力提供缓冲渠道,但最为关键的还在于医患双方合理沟通,故医患双方应共同努力,建立和谐的医患关系。就医疗暴力防控的法治环境保障,应指引潜在的患者及其家属遵守正常合法的就医秩序,制定配套的就医伦理规范,尊重医务人员和医疗专业,对医疗过程存有质疑或不满意时,可找寻正常渠道反映或申诉,不可对医务人员施以暴力。同时强化职场伦理观、建立组织认同感,医务人员应反躬自省:医疗过程中是否秉持医疗伦理中的规范,

---

① 石悦、张琴:《暴力伤医背景下医务人员权益保护的法律思考》,《医学与法学》2015年第7卷第2期,第37—39页。

② 甘凌峰:《这样一家医院获评"中国医患友好示范医院"有点意思,院内院外两套系统值得参考》,《都市快报》2014年8月24日,第6版。

③ 胡永正:《当前医疗暴力事件之思考》,《广西警官高等专科学校学报》2015年第28卷第6期,第10—14页。

提供以病人为中心的医疗照护,以专业的态度,面对病人的负面情绪,并通过教育训练、单位活动交流分享,加强同仁间的沟通与正向的应对能度,建构一个融洽互助、相互信任的医院工作环境。医务人员应保持积极进取的心态,主动参加各类医疗专业培训,及时更新自身专业知识库容,减少医疗技术"盲区",并不断提升个人服务质量,改善服务态度,为患者就医提供一个良好的环境。相应地,对于患者及其家属来说,在医疗过程中,应充分信任医疗机构及其医务人员,积极、主动配合医务人员的医疗活动,文明有序就医。只有如此,方能形成医患双方相互理解、信任和尊重的良性循环①。

(万力)

---

① 王璠、杨小明、江启成:《医疗暴力的危害、原因及对策》,《医学与哲学》2005年第26卷第11A期,第16—18页。

参考文献

[1] 恩格斯.反杜林论[M].北京:人民出版社,1956.

[2] 皮艺军.越轨社会学[M].北京:中国政法大学出版社,2004.

[3] 金观涛.探索现代社会的起源[M].北京:社会科学文献出版社,2010.

[4] 汉娜·阿伦特.共和的危机[M].郑辟瑞,译.上海:上海人民出版社,2013.

[5] 王玲宁.社会学视野下的媒介暴力效果研究[M].上海:学林出版社,2009.

[6] 兰德尔·柯林斯.暴力——一种微观社会学理论[M].北京:北京大学出版社,2016.

[7] 姚尚建.风险化解中的治理优化[M].北京:中央编译出版社,2013.

[8] 乔治·索雷尔.论暴力[M].上海:上海人民出版社,2005.

[9] 徐昕.论私力救济[M].北京:中国政法大学出版社,2005.

[10] 杰克·奈特.制度与社会冲突[M].上海:上海人民出版社,2009.

[11] 郑也夫.信任论[M].北京:中国广播电视出版社,2006.

[12] 迪恩·普路特.社会冲突——升级、僵局及解决[M].北京:人民邮电出版社,2013.

[13] 冯磊.冲突与治理——中国医疗暴力的现实图景与治理策略研究[M].北京:科学出版社,2017.

[14] 罗威廉·红雨.一个中国县城七个世纪的暴力史[M].李里峰,等,译,北京:中国人民大学出版社,2003.

[15] 陈兴良.罪名指南(下册)(第二版)[M].北京:中国人民大学出版社,2008.

[16] 李永升.侵犯社会法益的犯罪研究[M].北京:法律出版社,2014.

[17] 周光权.刑法各论讲义[M].北京:清华大学出版社,2003.

[18] 高铭暄,马克昌.刑法学[M].北京:北京大学出版社、高等教育出版社,2000.

[19] 周光权.刑法各论[M].北京:中国人民大学出版社,2011.

[20] 苏力.法治及其本土资源(第三版)[M].北京:北京大学出版社,2015.

[21] 彼得·德恩里科、邓子滨.法的门前[M].北京:北京大学出版社,2012.

[22] 理查德·波斯纳.法律的经济分析(第七版)[M].蒋兆康,译,北京:法律出版社,2012.

[23] 约翰·W.金登.议程、备选方案与公共政策[M].丁煌,方兴,译.北京:中国人民大学出版社,2004.

[24] 邢朝国.怨恨:暴力纠纷的情感解释[J].学海,2013(5):88—95.

[25] 赵鼎新.西方社会运动与革命理论发展之述评——站在中国的角度思考[J].社会学研究,2005(1):168—209,248.

[26] 桑本谦.公共惩罚与私人惩罚的互动——一个解读法律制度的新视角[J].法制与社会发展,2005(5):106—116.

[27] 郭星华,曲麒翰.纠纷金字塔的漏斗化——暴力犯罪问题的一个法社会学分析框架[J].广西民族大学学报(哲学社会科学版),2011,33(4):67—72.

[28] 何永军.论暴力私力救济[J].社会科学,2006(6):125—131.

[29] 齐波.暴力现象的法理学浅议[J].山东社会科学,2013(5):89—90.

[30] 赵敏,姜锴明,杨灵灵,等.暴力伤医事件大数据研究——基于2000年—2015年媒体报道[J].医学与哲学,2017,38(1A):89—93.

[31] 徐昕.警惕社会转型中暴力维权的普遍化[J].中国律师,2008(1):23.

[32] 刘俊,刘悠翔.中国医疗暴力史[N].南方周末,2013—11—07(A1).

[33] 邹新春,钱庆文,尹章成,等.暴力伤医潮的反思[J].医学与哲学,2016,37(5A):77—79,86.

[34] 田丰.医疗暴力:原因及应对[J].医学与哲学,2014,35(8A):90—93.

[35] 莫秀婷,徐凌忠,罗惠文,等.医务人员感知医患关系、工作满意度与离职意向的关系研究[J].中国临床心理学杂志,2015,23(1):141—146.

[36] 刘瑞明,肖俊辉,陈琴,等.医疗冲突与暴力的缘起、发展与消弭——互动视域下医患权利(力)运作形式三[J].中国医院管理,2015,35(10):15—17.

[37] 徐昕,卢荣荣.暴力与不信任——转型中国的医疗暴力研究:2000—2006[J].法制与社会发展,2008(1):82—101.

[38] 贾晓莉,周洪柱,赵越,等.2003 年—2012 年全国医院场所暴力伤医情况调查研究[J].中国医院,2014,18(3):1－3.

[39] 王亮,李梅君,张新庆,等.暴力侮辱伤医状况的调查分析[J].医学与哲学,2014,35(9A):47－49,73.

[40] 李威,张雪,尹梅,等.美国医院暴力研究及其对我国的启示[J].医学与哲学,2014,35(11B):95－97.

[41] 杨辉,刘峰,张拓红,等.医疗服务场所的医患激烈冲突防范——澳大利亚医院的经验及其对中国医院的启示[J].中国医院管理,2008(5):35－37.

[42] 冯磊,侯珊芳.医疗暴力防控的国际经验及其借鉴[J].医学与哲学,2015,36(7A):60－62.

[43] 王珂,朱伟,杨力沣,等.郑州市综合医院医务场所暴力与医务人员工作倦怠的关系[J].中国卫生事业管理,2012,29(5):391－393.

[44] 赵海艳,刘嘉,王为,等.实习医生遭受医疗暴力情况调查与分析——以某医学院校实习医生调查为例[J].医学与哲学,2015,36(7A):57－59,95.

[45] 张丽娜,马晓玲,高云山.略论暴力伤医事件对医学生专业学习及择业观的影响[J].学校党建与思想教育,2017(5):68－71.

[46] 陈祖辉,王声湧.精神病医院与综合医院工作场所暴力比较研究[J].中国公共卫生,2004(11):40－41.

[47] 彭兰."新媒体"概念界定的三条线索[J].新闻与传播研究,2016,23(3):120－125.

[48] 王璠,杨小明,江启成.医疗暴力的危害、原因及对策[J].医学与哲学,2005,26(11A):16－18.

[49] 陈绍辉,方星.我国医疗暴力治理机制初探[J].医学与法学,2017,9(2):33－37.

[50] 何铁强.警惕医患纠纷交涉中暴力化倾向[N].中国医学论坛报,2004-12-09(28).

[51] 董纯朴.中国暴力涉医违法犯罪防控研究——以维护公共就医秩序、构建和谐科学的医患关系为角度[J].甘肃警察职业学院学报,2017,15(2):60－65,30.

[52] 陈立富,王兰成,苏龙,等.基于网络的伤医事件舆情分析[J].中华医学图书情报杂志,2014,23(1):29－33.

[53] 高山奎,刘艳.从浙江温岭医暴案探窥医患关系紧张之症结[J].医学与哲学,2015,36(11A):45－48.

[54] 张斌.对医院工作场所暴力事件的思考[J].中国医院管理,2006(3):21－24.

[55] 李大平.基层医疗机构医疗纠纷现状实证研究——对东莞市4家基层医院的调查[J].证据科学,2013,21(2):199－214.

[56] 荆春霞,王声湧,陈祖辉,等.医护人员对医院暴力的认知状况调查[J].中国公共卫生,2004(3):86－87.

[57] 梁志鸣.医疗暴力风险行政管制策略分析[J].万国法律,2016(4):19－38.

[58] 姚泽麟,赵皓玥,卢思佳.医疗领域的暴力维权及其治理——基于2002—2015年媒体报道的内容分析[J].社会建设.2017,4(1):30,49－63.

[59] 王树华.暴力伤医事件的医方反思[J].医学与哲学,2016,37(5A):74－76.

[60] 于洋.面对"医闹及暴力伤医"现象的法律思考[J].哈尔滨医药,2014,34(3):171,173.

[61] 包桂丽,郭启龙,于学靖.法律维度下解析我国的暴力伤医行为[J].经济研究导刊,2017(19):197－199.

[62] 胡永正.当前医疗暴力事件之思考[J].广西警官高等专科学校学报,2015,28(6):10－14.

[63] 袁琦,胡立和.西方国家治理暴力伤医的经验与借鉴[J].湖南工业大学学报(社会科学版),2017,22(5):53－56.

[64] 石悦,张琴.暴力伤医背景下医务人员权益保护的法律思考[J].医学与法学,2015,7(2):37－39.

[65] 包桂丽,于学靖.医院场所暴力伤医现状及法律对策研究[J].中国医院,2017,21(10):60－62.

[66] 罗伯特·库特.价格和制裁[J].哥伦比亚法学评论,1984(84):1523.

[67] 王茹,王兆良.对我国暴力伤医现象的思考[J].南京医科大学学报(社会科学版),2015,15(1):23－26.

[68] 胡温蒙.从"暴力伤医"现象中看法律[J].法制博览,2016(7):249.

[69] 印海廷.我国政府在自然灾害应急管理中的角色定位[J].合作经济与科技,2008(14):114-115.

[70] 张洁,邓蕊.医疗暴力行为的法律规制探析[J].中共乐山市委党校学报,2015,17(2):101-104.

[71] 甘凌峰.这样一家医院获评"中国医患友好示范医院"有点意思,院内院外两套系统值得参考[N].都市快报,2014-8-24(06).

[72] 杨可,程文玉,张婷,等.近5年我国法院审理判决的医疗暴力案件分析[J].中国医院管理,2016,36(4):68-70.

[73] 罗伯特·F.利特克.暴力与权力[J].国际社会科学杂志(中文版),1993(2):5-16.

[74] 吴磊.多源流理论视角下的公共政策议程设置研究——以《食品安全法(修订草案)》为例[J].生态经济,2017,31(5):179-182.

[75] 杨志军.模糊性条件下政策过程决策模型如何更好解释中国经验?——基于"源流要素+中介变量"检验的多源流模型优化研究[J].公共管理学报,2018(4):1-18.

[76] 朱春奎.行政程序立法进程的多源流分析[J].东方行政论坛,2012(2):16-20.

[77] 杨涛.政策变迁的间断与平衡——一个模型的介绍与启示[J].合肥学院学报(社会科学版),2011(3):93-96.

[78] 程意真.转型时期政府管理体制改革的新模型——间断性均衡改革[J].甘肃行政学院学报,2007(1):10-12.

[79] 吴汝康.达尔文时代以来生物学界最大的论战——系统渐变论与间断均衡论[J].人类学学报,1988(3):270-277.

[80] 杨诚虎.西方公共政策研究新进展[J].行政论坛,2006(5):94.

[81] 徐媛媛.政绩困局与政策间断——以新医疗改革方案的出台为议题[J].经济体制改革,2010(2):141-144.

[82] 陈伟,高力.间断——均衡模型:中央"一号文件"农业政策变迁的一种分析框架[J].云南行政学院学报,2015(2):104-107.

[83] 佚名.关于卫生工作改革若干政策问题的报告[J].中国医院管理,1985

(8):6—8.

[84] 尹明芳,龚舒琴.当前医院经济工作面临的问题及对策[J].中国卫生经济, 2003(11):47—48.

[85] 周绚.探讨有效控制医疗费用上涨的可行对策[J].中国卫生统计,1998 (5):34—35.

[86] 樊静,姜潮.医疗纠纷的现状及对医院和医务人员的影响[J].中国医院管 理,2003(1):29—31.

[87] 徐正东.我国医疗纠纷举证责任分配制度演变及其述评[J].四川警察学院 学报,2011(4):44—48.

[88] 董宜芳.我国公共议程设定中的民众参与分析[J].黑河学刊,2010(12): 59—60.

[89] 陈攀.量刑情节限制暴力犯罪死刑适用研究[D].武汉:武汉大学,2014.

[90] 王玲.医院人文管理视角下医疗暴力问题探讨[D].遵义:遵义医学 院,2017.

[91] 张慕歆."医闹"的法理分析及法治应对[D].北京:中国社会科学院研究生 院,2017.

[92] DELBANCO T L. Enriching the doctor-patient relationship by invitingthe patients perspective[J]. Annals of Internal Medicine, 1992,116(5): 414—418.

[93] KUEHN B M. Violence in health care settings on rise[J]. Journal of the American Medical Association,2010(5):511—512.

[94] HOPKINS M,FETHERSTON C M,MORRISON P. Prevalence and characteristics of aggression and violence experienced by Western Australian nursing students during clinical practice[J]. Contemporary Nurse,2014,49(1):113—121.

[95] PHILLIPS J P. Workplace Violence against Health Care Workers in the United State[J]. The New England Journal of Medicine,2016,374(17): 1661—1669.

[96] NELSON R. Tackling violence against health-care workers[J]. The

Lancet,2014,383(9926):1373—1374.

[97] KMIETOWICZ Z. Half of UK doctors experience violence or abuse from patients[J]. British Medical Journal,2003,327(7420):889.

[98] SULLIVAN C, YUAN C. Workplace assaults on minority health and mental health care workers in Los Angeles[J]. American Journal of Public Health, 1995,85(7):1011—1014.

[99] VITULL K G, NAVJOI K, MEUHNA G. Is changing curriculum sufficient to curb violence against doctors? [J]. Indian Heart Journal, 2016, 68(2):231—233.

[100] BAWASKAR H S. Violence against doctors in India[J]. Lancet, 2014, 384(9947):955—956.

[101] SHUKLA S. Violence against doctors in Egypt leads to strike action [J]. Lancet, 2012, 380(9852):1460—1460.

[102] HIMMATRAO S B. Violence against doctors in India[J]. The Lancet, 2014,384(9947):955—956.

[103] SHUBHLAKSHMI S. Violence against doctors in Egypt leads to strike action[J]. The Lancet,2012,380(9852):1460.

[104] KOWALENKO T,CUNNINGHAM R,SACHS C J,et al. Workplace Violence in Emergency Medicine:Current Knowledge and Future Directions[J]. The Journal of Emergency Medicine,43(3):523—531.

[105] COHEN M D, MARCH J G, OLSEN J P. A Garbage Can Model of Organizational Choice[J]. Administrative Science Quarterly, 1972, 17(1):1—25.

附　录

医疗暴力调查问卷（医方篇）

　　您好！我们是"依法治国视域下医疗暴力防控的模式与路径研究"课题组研究人员，为了解医患各方对医疗暴力及其法治的认知，进一步提出改善医患关系、预防和减少医疗暴力收集真实数据，特向您了解有关情况。此项调查采用无记名形式（您不必填写单位与姓名），请根据您的实际情况填写此调查问卷，衷心感谢您的支持与帮助！

　　一、基本情况

1. 您的性别
   　A. 男　　　　　　　B. 女
2. 您的年龄
   　A. 25 岁以下　　　B. 25—40 岁　　　C. 41—60 岁　　　D. 60 岁以上
3. 您的学历
   　A. 硕士及以上　　　B. 本科　　　　　C. 大专　　　　　D. 中专及以下
4. 您的职称
   　(1) A. 主任医师　　B. 副主任医师　　C. 主治医师　　　D. 住院医师
   　　　E. 其他（请注明）_____
   　(2) A. 主任护师　　B. 副主任护师　　C. 主管护师　　　D. 护师
   　　　E. 护士

二、基本问题

5.您认为以下哪些选项属于医疗暴力？（可多选）

　　A.躯体暴力（攻击、虐待、打、推、咬、踢等）

　　B.心理暴力（口头侮辱、威胁、贬低、折磨等）

　　C.拉条幅、烧纸钱、停尸、摆花圈等扰乱工作秩序的行为

　　D.破坏医院/个人财产

　　E.性暴力（包括语言、动作、身体接触等）

6.您是通过哪些途径知晓医疗暴力的？（可多选）

　　A.纸质的报纸杂志

　　B.电视、电台的报道

　　C.网络新闻报道

　　D.微信、微博或 QQ 等网络途径

　　E.亲身经历　　　　F.亲眼所见　　　　G.他人口口相传

7.您认为医疗暴力的施暴主体应包括以下哪些？（可多选）

　　A.患者　　　　　B.家属　　　　　C.雇佣人员（如职业"医闹"）

　　D.外来者（如非患者身份的精神病患者、抢劫犯等）

8.2016 年一年内您被患方口头侮辱或威胁的次数是？

　　A.0 次　　　　　B.5 次及以下　　　C.6—10 次

　　D.11—20 次　　　E.21 次及以上

9.2016 年一年内您经历患方的肢体冲突的次数是？

　　A.0 次　　　　　B.5 次及以下　　　C.6—10 次

　　D.11—20 次　　　E.21 次及以上

10.您认为医疗暴力的施暴对象应包括以下哪些？（可多选）

　　A.医护人员

　　B.医院的行政管理人员

　　C.医院的其他工作人员

　　D.医院就诊的患者及其家属

　　E.医院场所内的所有人

F.医护人员的亲友

11.据您所知,哪个科室最容易发生医疗暴力?（单选）

A.急诊科　　　　B.儿科　　　　C.妇科　　　　D.烧伤科

E.住院部　　　　F.其他（请注明）_____

12.据您所知,何时何地最容易发生医疗暴力?（单选）

A.早上医生查房时

B.医护人员在单独检查或治疗病人的时候

C.医护人员到停车场取车的时候

D.医护人员上下班途中

E.用餐时间（限于医院）

F.运送病人的时候

G.晚上值夜班

H.家中

13.您认为发生医疗暴力的直接原因有哪些?（可多选）

A.患者及其家属认为存在医疗过错

B.患者及其家属认为医护人员态度不好

C.患者认为医护人员医德缺失

D.患者及其家属认为收费不合理

E.患者及其家属质疑医疗服务质量

F.精神病人实施暴力

G.患者及其家属对治疗效果不满意

H.敏感喜暴力的患者突然的情绪爆发

I.医护人员缺乏识别和管理具有敌意和攻击性行为的培训,激化暴力

J.其他（请注明）_____

14.您认为医疗暴力的危害有哪些?（可多选）

A.严重干扰正常的医疗工作秩序

B.影响医务人员的工作和生活

C.威胁或伤害医务人员的人身安全

D.加重医护人员心理负担（可能导致其防御性治疗或不敢实践新技术甚至

　　在工作中出现失误)

　　E. 导致医患关系更加紧张

　　F. 降低医疗服务质量

　　G. 其他(请注明)_____

15.以下关于医疗暴力的相关法律规定,您听说过哪些?(可多选)

　　A. 在医疗机构焚烧纸钱、摆设灵堂、摆放花圈、违规停尸、聚众滋事属违法行为

　　B. 非法携带易燃、易爆危险物品和管制器具进入医疗机构属违法行为

　　C. 侮辱、威胁、恐吓、故意伤害医务人员或者非法限制医务人员人身自由属违法行为

　　D. 倒卖医疗机构挂号凭证属违法行为

　　E. 严重扰乱医疗秩序的行为构成犯罪

　　F. 二级以上医院一律作为巡逻必到点,有条件的要设立警务室;三级以上医院必须设立警务室

　　G. 遇到醉酒、精神或行为异常患者就诊,要安排保卫人员陪诊

　　H. 以上皆不知

16.您认为我国有关医疗暴力方面的立法及政策存在哪些不足?(可多选)

　　A. 未确立医疗暴力的预防机制

　　B. 未明确将医疗机构场所认定为公共场所

　　C. 未规定对严重扰乱医疗机构秩序的个体适用专门的"扰乱医疗场所秩序罪"

　　D. 未规定处理医疗暴力不当的医疗机构领导的责任

　　E. 未明确医务人员接受防暴培训的权利

　　F. 对轻微施暴者的处罚力度不够

　　G. 没有单独的"医疗暴力罪"或"医疗暴力处罚"条款

　　H. 关于医疗暴力的法律(广义,包括规范性文件)位阶低、不成体系

　　I. 其他(请注明)_____

17.据您经历或听说,您所在医院发生医疗暴力事件致电当地公安机关,公安执法人员到场的时间大致是?(单选)

A. 半小时以内

B. 半小时至一小时

C. 一小时至两小时

D. 两小时以上

E. 不出警

18. 据您经历或听说,当医院(不限于您所在医院)发生医疗暴力事件时,公安执法人员到场后,主要采取哪些措施?(可多选)

A. 以法律强制手段带走施暴者

B. 及时制止但未将施暴者强制带离

C. 只要暴力行为不过激,公安执法人员就在旁观看或口头劝解

D. 即使有暴力行为,只要未造成较大伤害后果,多以劝解或事后调解了事

E. 其他(请注明)_____

19. 您认为卫生行政主管部门在医疗暴力预防和控制中存在哪些不足?(可多选)

A. 对医院组织职工进行防暴培训和宣传的情况缺乏监督和检查

B. 未组织相关力量对医院安保人员进行专门培训

C. 对医院安保工作缺乏监督和检查

D. 未组织相关力量进行防暴演练

E. 未制定医疗暴力上报制度

F. 发生医疗暴力时介入不积极、不主动

G. 在医疗暴力事件的处理中以稳定大局为重,未充分维护医护人员的合法权益

H. 法治宣传成效有限,民众法治意识有待提高

20. 您对法院判决医疗暴力案件的评价是?(单选)

A. 公平公正   B. 过轻

C. 过重   D. 未关注,不知道

21. 您认为医院针对预防医疗暴力应采取哪些具体措施?(可多选)

A. 向医护人员发放关于防暴的指南、手册或宣传资料

B. 对医护人员进行专门的防暴培训或预演

C. 制定防暴的规章制度或预案

D.进行工作场所安保分析

E.安装和定期维护报警系统,如报警钮、手持报警器、移动通讯步话机等

F.安装固定的或发放手持式的金属探测器,以发现刀具或其他武器

G.设立专门的医暴防处办公室

H.24小时使用内部监控

I.在走廊交叉口设置凸镜

J.保证可以庇护医护人员安全的房间或通道

K.其他(请注明)_____

医疗暴力调查问卷(民众篇)

您好!我们是"依法治国视域下医疗暴力防控的模式与路径研究"课题组研究人员,为了解医患各方对医疗暴力及其法治的认知,进一步提出改善医患关系、预防和减少医疗暴力收集真实数据,特向您了解有关情况。此项调查采用无记名形式(您不必填写单位与姓名),请根据您的实际情况填写此调查问卷,衷心感谢您的支持与帮助!

一、基本情况

1.您的性别

A.男　　　　　　　　B.女

2.您的受教育程度

A.小学　　　　　B.初中　　　　　C.高中　　　　　D.大学及以上

3.您的年龄

A.20岁以下　　　B.21—40岁　　　C.41—60岁　　　D.60岁以上

4.您的家庭所在地

A.城市　　　　　B.城镇　　　　　C.农村

5.您的职业是_____(请注明)

6. 您的医疗保险属于

    A. 城镇职工基本医疗保险　　　　B. 城镇居民基本医疗保险

    C. 新型农村合作医疗　　　　　　D. 没有

7. 您个人的月收入情况

    A. 500 元及以下　　　　　　　　B. 501—5000 元

    C. 5001—10000 元　　　　　　　D. 10001 元以上

二、基本问题

8. 您认为以下哪些选项属于医疗暴力？（可多选）

    A. 躯体暴力（攻击、虐待、打、推、咬、踢等）

    B. 心理暴力（口头侮辱、威胁、贬低、折磨等）

    C. 拉条幅、烧纸钱、停尸、摆花圈等扰乱医疗人员工作秩序的行为

    D. 破坏医院/个人财产

    E. 性暴力（包括语言、动作、身体接触等）

9. 假如您是患者或其家属，在您认为医护人员对您或您的亲人的治疗中可能存在过错却不承认错误、态度恶劣的情况下，您会？（单选）

    A. 责骂医护人员

    B. 与医护人员发生肢体冲突

    C. 与医护人员据理力争，但克制冲动

    D. 投诉、走法律途径等正当维权方式

10. 您是通过哪些途径知晓医疗暴力的？（可多选）

    A. 纸质的报纸杂志

    B. 电视、电台的报道

    C. 网络新闻报道

    D. 微信、微博或 QQ 等网络途径

    E. 亲身经历　　　F. 亲眼所见　　　G. 他人口口相传

11. 您认为医疗暴力的施暴主体应包括以下哪些？（可多选）

    A. 患者

    B. 家属

C. 雇佣人员(如职业"医闹")

D. 外来者(如非患者身份的精神病患者、抢劫犯等)

12. 您认为医疗暴力的施暴对象应包括以下哪些?(可多选)

A. 医护人员

B. 医院的行政管理人员

C. 医院的其他工作人员

D. 医院就诊的患者及其家属

E. 医院场所内的所有人

F. 医护人员的亲友

13. 您认为发生医疗暴力的直接原因有哪些?(可多选)

A. 患者及其家属认为存在医疗过错

B. 患者及其家属认为医护人员态度不好

C. 患者认为医护人员医德缺失

D. 患者及其家属认为收费不合理

E. 患者及其家属质疑医疗服务质量

F. 精神病人实施暴力

G. 患者及其家属对治疗效果不满意

H. 敏感喜暴力的患者突然的情绪爆发

I. 医护人员缺乏识别和管理具有敌意和攻击性行为的培训,激化暴力

J. 其他(请注明)_____

14. 您认为医疗纠纷导致的医疗暴力中,患方是否应该承担相应的法律责任?(单选)

A. 是   B. 否

15. 从行政处罚和刑事处罚的角度,您认为对施暴者的处罚是否过重?(单选)

A. 是   B. 否

16. 您认为医疗暴力的危害有哪些?(可多选)

A. 严重干扰正常的医疗工作秩序

B. 影响医务人员的工作和生活

C. 威胁或伤害医务人员的人身安全

　　D. 加重医护人员心理负担（可能导致其防御性治疗或不敢实践新技术甚至在工作中出现失误）

　　E. 导致医患关系更加紧张

　　F. 降低医疗服务质量

　　G. 其他（请注明）＿＿＿＿＿＿

17. 你认为医疗暴力有无警示医生减少违规行为的作用？（单选）

　　A. 有　　　　　　　　B. 没有　　　　　　　　C. 不清楚

18. 您认为以下哪些行为要受到法律的制裁？（可多选）

　　A. 在医疗机构焚烧纸钱、摆设灵堂、摆放花圈、违规停尸、聚众滋事

　　B. 非法携带易燃、易爆危险物品和管制器具进入医疗机构

　　C. 侮辱、威胁、恐吓、故意伤害医务人员或者非法限制医务人员人身自由

　　D. 倒卖医疗机构挂号凭证

　　E. 严重扰乱医疗秩序的行为

　　F. 以上皆不会

19. 我国台湾地区相关规定（即所谓的"医疗法"）专门规定了"医疗暴力犯罪和处罚条款"，您觉得大陆地区是否可以借鉴以上方式，针对医疗暴力进行专门立法？（单选）

　　A. 是　　　　　　　　B. 否

20. 据您经历或听说，当医院（不限于您所在的医院）发生医疗暴力事件时，公安执法人员到场后，主要采取哪些措施？（可多选）

　　A. 以法律强制手段带走施暴者

　　B. 及时制止但未将施暴者强制带离

　　C. 只要暴力行为不过激，公安执法人员就在旁观看或口头劝解

　　D. 即使有暴力行为，只要未造成较大伤害后果，多以劝解或事后调解了事

　　E. 其他（请注明）＿＿＿＿＿＿

21. 你认为国家政策法律中哪些措施对防治医疗暴力有用？（可多选）

　　A. 要求医院按床位数量设置保安人数

　　B. 开展严打医疗暴力行动，对施暴者快捕快诉

　　C. 出台一系列关于整治"医闹"和医疗暴力的法律法规

D. 要求医院配备安检设施、设置警务室等

E. 处理媒体上的虚假负面医疗报道

F. 加强对医务人员的管理

G. 对医疗事故严格执法

H. 其他(请注明)＿＿＿＿＿＿

22. 您对法院判决医疗暴力案件的评价是?(单选)

A. 公平公正　　　　　　　　B. 过轻

C. 过重　　　　　　　　　　D. 未关注,不知道